U0595633

中国语言学会语音学分会
Phonetic Association of China 赤

第 5 辑

Chinese Journal of Phonetics

中国语音学报

主 编：李爱军

中 社会科学出版社

图书在版编目（CIP）数据

中国语音学报．第5辑／李爱军主编．—北京：中国社会科学出版社，
2015.12
ISBN 978 – 7 – 5161 – 7346 – 6

Ⅰ.①中…　Ⅱ.①李…　Ⅲ.①汉语—语音学—文集　Ⅳ.①H11 – 53

中国版本图书馆 CIP 数据核字（2015）第 313133 号

出 版 人　赵剑英
选题策划　张　林
责任编辑　陈雅慧
责任校对　高建春
责任印制　戴　宽

出　　　版　中国社会科学出版社
社　　　址　北京鼓楼西大街甲 158 号
邮　　　编　100720
网　　　址　http：//www.csspw.cn
发 行 部　010 – 84083685
门 市 部　010 – 84029450
经　　　销　新华书店及其他书店

印　　　刷　北京君升印刷有限公司
装　　　订　廊坊市广阳区广增装订厂
版　　　次　2015 年 12 月第 1 版
印　　　次　2015 年 12 月第 1 次印刷

开　　　本　787×1092　1/16
印　　　张　7.75
插　　　页　2
字　　　数　205 千字
定　　　价　36.00 元

顾文涛	南京师范大学
呼　和	中国社会科学院民族学与人类学研究所
胡　方	中国社会科学院语言研究所
贾　媛	中国社会科学院语言研究所
孔江平	北京大学
李爱军	中国社会科学院语言研究所
李蕙心	香港城市大学
李敬阳	公安部物证鉴定中心情报信息技术处
李永宏	西北民族大学
凌震华	中国科学技术大学
刘俐李	南京师范大学
刘新中	暨南大学
路继伦	天津师范大学
马秋武	同济大学
冉启斌	南开大学
石　锋	南开大学，北京语言大学
陶建华	中国科学院自动化研究所
王洪君	北京大学
王英利	广东省公安厅刑事技术中心
王韫佳	北京大学
魏建国	天津大学
吴民华	香港大学
谢　磊	西北工业大学
熊子瑜	中国社会科学院语言研究所
许　毅	伦敦大学学院
颜永红	中国科学院声学研究所
杨玉芳	中国科学院心理研究所
翟红华	山东农业大学
张　华	同仁医院耳鼻喉科
张劲松	北京语言大学
郑　方	清华大学
郑秋豫	台湾中研院语言学研究所
朱维彬	北京交通大学
朱晓农	香港科技大学
祖漪清	安徽科大讯飞信息科技股份有限公司

目 录

再谈语音量子理论

鲍怀翘

摘　要　1989 年 Stevens 在 Journal of Phonetics 发表了关于语音量子理论的长文（1989），该杂志同期刊登了 15 位当时世界顶尖语音学家的 11 篇评论文章，这在语音学研究史上也是不多见的。该期语音学报最后发表了 Stevens 的 "Response to commentaries"（1989），在这篇文章中 Stevens 回答了对他的评论，进一步阐述了他的量子理论思想。2010 年他重申了他的量子理论，并作了重要补充（Steven & Keyser 2010）。

　　Stevens 的语音量子理论已在上期《中国语音学报》（李智强 2014）和最近出版的《实验语音学概要增订版》（鲍怀翘、林茂灿 2014）作了简要介绍。为了深入了解 Stevens 的语音量子理论以及语音学界对此理论的讨论，本文将对此作出较为翔实的介绍和评论。

关键词　语言量子理论，言语产生理论，零点效应，非单调性，平台

Revisit the Quantal Nature of Speech

BAO Huaiqiao

Abstract　In 1989 K. N. Stevens'*Quantal Nature of Speech*（1989）was published，along with 11 commentaries written by 15 world leading phoneticians in the same issue，which was unusual in the history of phonetics study. The journal later published K. N. Stevens' "Response to commentaries"（1989），in which he made replies and elaborated his Quantal theory. In 2010，he reiterated that the QNS and made an important supplements.（Steven & Keyser 2010）

　　K. N. Stevens' Quantal Theory has been introduced briefly in latest issue of *Chinese Journal of Phonetics*（李智强 2014）and in *the Outline of Experimental Phonetics*（*Revised and Enlarged Edition*）（鲍怀翘、林茂灿 2014）. In order to further explore the theory and its commentaries，this paper will make a detailed introduction and commentary.

Key words　Quantal Nature of Speech，Theory of speech production，Zero effect，Non-monotonic，Plateau

1. 发音器官参数—声学参数计算模型问题

　　众所周知，发音器官参数与声学参数之间的关系是语音学研究中最基本的"言语产生理论"问题。涉及什么样的发音器官形状会产生什么样的声学结果，进而利用声学结果（参数）进行听辨感知的研究，同时还涉及由声学参数反推发音器官形状的问题。假若"走通"了这个循环，那么可以说"言语产生理论"的研究真正实现了。

1.1 Stevens 的言语产生模型：

　　Stevens 的言语产生模型是他的语音量子理论的基础和依据，这个模型可以简要地归结为"规则声管耦合"模型（见图1）（Stevens 1989），这一模型成为语音量子理论的基础。

　　l_1 为后腔管长，A_1 为后腔截面积；l_2 为前腔管长，A_2 为后腔截面积。Ac、lc 分别为收紧段的面积和长度。当 $Ac \ll A_1$ 和 A_2（因此 Ac 可视为零），这种情况下前后腔之间没有"耦合"，此时后腔的自然频率为：

$$0, \frac{c}{2l_1}, \frac{c}{l_1}, \frac{3c}{2l_1}\cdots$$

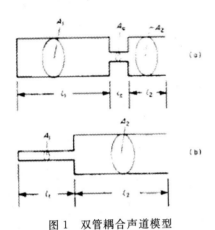

图 1　双管耦合声道模型

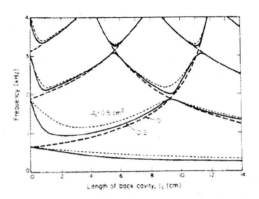

图 2　图 1（a）构型对应的自然频率
（Stevens 1989）

图 3　两个前高元音的矢状面（Stevens 1989）

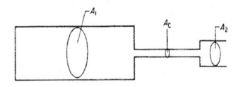

图 4　非低前元音声管逼近（Stevens 1989）

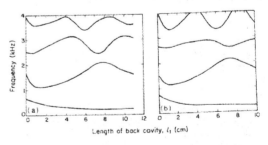

图 5　图 4 声管构型的自然频率。（a）相当于 $l_c = 5cm$，而（b）$l_c = 6cm$。面积 $A_c = 0.3cm^2$，$A_1 = 3cm^2$，$A_2 = 1.0cm^2$。声管总长为 16cm。（Stevens 1989）

其中 c 为声速。前腔的自然频率为：

$$\frac{c}{4l_2}, \frac{3c}{4l_2}\cdots,$$

假定共鸣器壁是硬性的，而且不考虑辐射的作用，对应的自然频率如图 2 中长虚线所示（图中标记为 0 处为 $A_c = 0$），此时，最低频率为 0。

但是，当 A_c 为非零，但比起 A_1 和 A_2 仍然算是小的（这里假设 $A = A_1 = A_2$），也就是这个系统为"耦合"时，前后腔产生互相影响，则 F_1 为非"0"：

$$F_1 = \frac{c}{2\pi\sqrt{Al_1(\frac{l_c}{A_c}+\frac{l_2}{A})}} \qquad (1)$$

假定共鸣器壁是硬性的，那么其他自然频率会向高变化。当 $l_1 + l_c + l_2 = 16cm$，$l_c = 2cm$，截面积 A_1、A_2 为 3cm² 时，得到 4 个自然频率如图 2。图中实线和短虚线分别表示 $A_c = 0.2cm^2$ 和 $0.5cm^2$，后腔长度 l_1 从 0cm 改变 14cm 时四个自然频率走向。

对前高元音/i/和/e/，Stevens 给出了具体计算。图 3 是这两个元音的发音器官矢状面，其模拟的声管模型见图 4。

改变图 4 中 l_1 和 l_c 可以获得不同的前高元音声管构型，它们的自然频率随后腔和前腔长度的改变而变化，见图 5。$l_1 > 6cm$ 的构型对应着非前元音。

后高元音/u/、/o/的发音矢状面见图 6。舌根抬高后缩，因此后腔明显缩小而前腔有较大的容积，双唇合拢形成圆唇，它的声管模型见图 7。图 7 与图 1（a）类似，但开口端声管变窄，对应"圆唇"，其面积为 A_m。这种构型的声管参数是：

$A_1 = A_2 = 3\text{cm}^2$，$A_m = 0.3\text{cm}^2$，收紧点 Ac 长度 2cm，A_m 长度 1cm，声管总长度为 16cm，此时可得到该声管随后腔长度变化而改变的自然频率（见图8）。

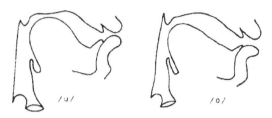

图 6　后高元音 /u/、/o/ 的构型（Stevens 1989）

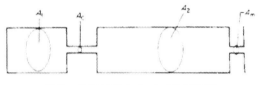

图 7　后高元音 /u/、/o/ 声管模型

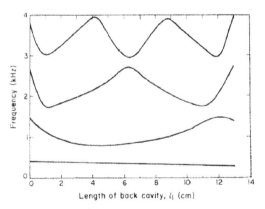

图 8　后高元音 /u/、/o/ 声管模型的自然频率是后腔长度 l_1 的函数（Stevens 1989）

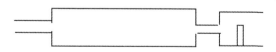

图 9　擦音声管模拟（Stevens 1989）

当 6cm $> l_1 >$ 2cm 时，对应着非低后圆唇元音。此时 F_1 和 F_2 的变化空间为较低的 400—500Hz，F_1 不会获得最大值，变化范围也只有 80Hz。

其他元音都可通过改变声管参数来近似。

产生擦音的声管较特别（见图9），前腔有一阻碍，此处截面积 A 大大缩小；而后腔的后边耦合一段管子（气管），声门是打开的，呼出气流直接在前腔阻碍处产生摩擦噪声（擦音声源），其振幅 P_s 可由公式（2）逼近

$$P_s = KU^3 A^{-5/2} \qquad (2)$$

其中 K 为常量，U^3 为体积流速度，A 为截面积。

1.2 对此模型评论及回应

图 10 是 Stevens 给出的语音量子理论 QNS 的理想模型（Stevens 1989），此模型认为发音—声学参数之间为非线性的关系，Ⅰ 与 Ⅲ 为两个相对稳定区域，称之为"平台"（plateau），Ⅱ 区的声学参数快速变化而发音参数变化相对较小。具体解释见（李智强 2014；鲍怀翘、林茂灿 2014）。

针对 QNS 中元音的发音—声学关系，有几个评论（Fant 1989；Ladeforged & Lndau 1989）反复以不同的形式指出，Stevens 所选择的发音器官空间是经过精心挑选的，而选择的特定声学参数是为了说明平台（图 10 中 Ⅰ 和 Ⅲ）和不连续（discontinuous）的存在（图 10 中 Ⅱ）。基本的问题是（1）模型中的发音器官参数是否与发音人真实的参数相当？（2）与这些发音器官改变相应的声学参数是否被用于听音人对语音的感知？

Stevens 认为，QNS 中给出的许多例子都是实际的物理维度（A_i，L_i），如 1.1 中引用的那些例子。图 10 中，平台和不连续性是耦合共鸣器的直接结果，也是机械振荡器不稳定性、管子收紧点和阻碍处气流的不稳定性的直接结果。QNS 前提之一是这些原理被利用来选择发音器官模型，而这些模型的声学结果可以用于语言的语音。

某些评论指出 QNS 缺乏声学参数与发音参数之间非单调性关系的系统性例证，需要区别哪些是有实证意义的非单调关系，哪些又不是。

Stevens 认为，系统讲述和建立选择

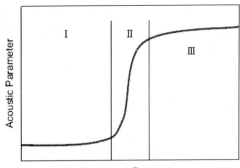

图10　QNS给出的发音—声学关系假设，横轴为发音参数，纵轴为声学参数。I与III为2个相对稳定区域，II区的声学参数快速变化而发音参数变化相对较小。（Stevens 1989）

发音器官参数的标准，以及选择描述声学与发音关系的标准不是一件容易的事，受发音人控制的一组发音器官参数是变化万千的，相关声学参数也是变化多端的。

声学与发音参数之间最直接、最清晰的证据来自于与发音方法和声带振动相关联的发音器官和喉的调整。例如，考察非鼻元音—辅音—元音音段（VCV）的产出，发辅音时声门上收紧点截面积会成系统地减小，而声源声学特性会出现突然改变；当辅音收紧面积小于平均声门面积时，收紧点后面的气压会积聚起来，于是收紧点附近产生了扰动噪声，同时声带振动足够地弱化，甚至完全停止振动。其结果是在语流中出现明显的不连续性，而不是发音器官和喉部的相对连续运动。在这些声学不连续之间，声源特性仍然是稳定的、持续的（指元音部分）。

当收紧点缩到完全关闭，声音的特性将更进一步改变。关闭突然被释放，就会形成声谱上振幅的不连续性。不连续性也会发生在腭咽部的突然打开或关闭。

观察辅音收紧点大小变化在一定意义上说明了声学与发音参数之间的原始（典型）形态。当辅音收紧点尺寸大于声门平均面积时声源特性相对不变化，在声门上收紧处可观察到小的气流扰动，或根本不会出现扰动噪声。当某部位收紧得更狭窄时，收紧处就会出现扰动噪声，此时噪声特性对收紧点面积大小保持相对不灵敏。当辅音内破裂（implosion）时，收紧点上声源特性和扰动噪声振幅会突然改变。辅音关闭的内破裂和释放产生了另一类不同的不连续。

在不同发音方法的情况下（被认为是continuant 和 sonorant 特征），QNS量子关系处在图1的II区，发音—声学关系的这种不连续，对应到语音信号中具有明确定义的界标（landmarks）或事件（events）上。Lindblom & Engstrand（1989）举例（[ˣpi｜ki：p]）说明发音的连续性（指发音器官处在连续运动状态）但在声学上却表现为离散型。

下面再来讨论阻碍辅音（obstruent）不同发音方法的情况。我们限定仅涉及收紧点附近扰动噪声的声学属性，无论辅音是塞音还是擦音，辅音收紧部位（收紧点）从唇—齿龈—腭—咽方向移动，前腔长度依次递增，由受阻部位激发的噪声的共鸣频率也依次降低。受阻部位在唇部，如唇擦音，可以说没有前腔，因此不存在强的声谱凸显，而齿音或齿龈擦音，共鸣会很高，会出现最低共鸣与邻接元音 F_4 接近；对硬腭、软腭或咽擦音，最低共振峰往往与邻接元音的 F_2、F_3 靠近。在这种情况下，相关的声学参数不是共振峰的绝对频率或绝对声谱形状，而是选择与邻接元音声谱凸显（即元音共振峰）相联系的噪声谱。Fant（1989）的评论使我们想起阻碍部位的破裂声谱和摩擦声谱由声源与收紧点耦合产生的零点效应。

还有几个评论指出收紧点由唇移到齿后位置（postdental）不代表连续，因为这类移动包括了主动发音器官结构由唇改为舌尖。针对这点，Stevens指出：发音器官本身是量子，没有必要去调用 QNS图中的声学—发音关系。无论是塞音、擦音还是鼻音部位由双唇改变到齿和齿龈，与其声学结果是一致的，如图11所示，图中曲线标记 0cm 为双唇辅音，1.5 或 2.2cm 为齿背辅音。在鼻音情况，在辅音除阻进入后接元音处频谱表现明显不同（注：指元音过渡起始点），因为双唇和齿后辅音的零点是不同的，因此发音部位被看成"量子"上的不同。

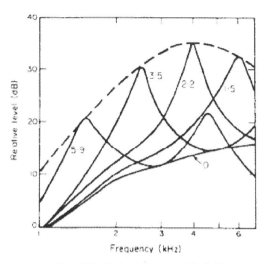

图 11 擦音的辐射声压谱。不同的曲线对应不同的前腔长度（cm）。假设声源在距离收紧点 1cm 处成阻，前腔面积 $1cm^2$，收紧部分 $0.2cm^2$，声门下压力为 $8cm\ H_2O$。图中虚线给出了振幅谱峰的包络。（Stevens 1989）

下面再来讨论声门动作的声学结果。由于缺少合适的声带振动模型和与声带不同构型相关的量化数据，分析产生困难，举步维艰。通过一些零碎的知识，QNS 提出了一个可能的分析办法。假设当声带处在振动周期中，声门尽量内收但仍不能完全闭合，使其基频分量相对于高频得到增强，而高频部分被弱化。这一点不难理解，因为气流的直流成分被叠加在交流成分上，其结果第一谐波分量得到增强，而高频成分被抑制。

发元音时调整腭咽开度会引向另一类声学—发音关系。当腭咽口截面积增加使元音低频分量发生改变，这种改变超过一定界限时被听音人感知为"鼻化"，此时在频谱中低频部分出现一个声谱峰。在这种情况下，发音参数是腭咽口部尺寸大小，听音人对鼻化的灵敏度依赖于元音高度（House & Stevens 1956）。

最后我们回过头来看元音声学—发音参数之间的各种关系。我们知道由于舌头控制声道中的收紧，可能还有唇部圆展的配合，收紧由前向后改变，共振峰频率也

会成系统地变化。收紧位置在前部的话，F_2 是高的并接近 F_3，在这个区域两个共振峰接近对收紧点位置是相对灵敏的，假定收紧截面和收紧长度相对固定的话。当舌体后缩，即收紧点向后移动，F_2 降低接近 F_1，此时共振峰频率对收紧点位置的灵敏度就降低。当收紧点位置处在两端点之间，F_2 也会处于 F_1 与 F_3 之间。当收紧点越过中间位置，F_2 不会突然改变。在收紧点位置不变的条件下，F_2 的大小还与唇的圆展度相关；在相似区域，声道前部张开（如开元音）而后部相对狭小，但收紧点狭窄部位的长度受到操控的话，可观察到 F_2 的最大值或最小值。

QNS 指出，许多情况下，精心控制收紧点前后位置（不变）或者控制狭窄管子的截面，声学参数（如 F_1）和发音参数之间不存在单调性关系。Diehl（1989）在他的评论文章中观察到了元音的收紧程度对共振峰频率最灵敏，收紧点前后位置对 F_2 不太灵敏。Lindblom & Engstrand（1989）指出，F_1 对收紧度的灵敏性在高元音中要差一些，因为受到口腔壁阻尼的影响。Perkell & Cohen（1989）文章指出，在前高元音和后低元音中，生物机制约缩（特别是肌肉的活性与位置之间的关系）使其减小了 F_1 对肌肉收紧度的灵敏性，而肌肉控制了舌体的位置与形状。在高元音中生物机制的影响效能也在 Kakita & Fujimura（1977）和 Abry, Boe & Schwartz（1989）文章中谈到了。

Fant（1989）认为元音共振峰与收紧点位置之间关系的研究和结论有必要做进一步推敲。Fant（1989），Lindblom & Engstrand（1989），还有 Ladeforged & Lindau（1989）等提出了另一种模型和构建发音—声学关系。例如 Fant 指出，瑞典语中与非圆前元音声学参数关系最大的不是 F_2，也不是 F_1 与 F_3 之间的间距，而是由 F_2、F_3 和 F_4 组成的谱重心（凸显），调整向前收紧，可获得最大（频率最高）的重心。此时 F_3 非常接近 F_4，而不是 F_2 最高。当然，最前位置收紧 F_2 必然达到最大值。

Ladeforged & Lindau（1989）使用

UCLA 声道模型进行的研究，认为前高元音 [i] 附近的声学—发音关系是 F_2 随着发音参数的调整不存在平台（plateau）换句话说，随着发音参数的调整，F_2 会引起较大的改变。对此评论，Stevens 指出：在没有评估他们的面积函数之前是难以解释这一结论的。收紧点截面积出现大的改变（近似 Stevens 模型中三个因素中的一个，假定他们（UCLA）的模型中已包括了壁阻抗），这种改变可能是 F_2 缺少平台的一个原因。问题之一是选择发音参数如此大的改变是否有道理。当控制收紧位置前后移动时，有理由去假定舌边表面静止地对着硬腭形成了一个相对稳定的面积。这种稳定性使 F_4 成为声学参数之一，由此可以获得 Fant 所说的高频重心。

以上对声学—发音参数的回顾绝非全部，但已看出发音参数的调整有很宽的变化，却与其产生的声学结果之间的关系却为非单调性。对辅音来说，发音参数包括声道的截面积控制在 0.1—0.3cm；对类元音声道面积为 0.2—1cm^2。辅音舌叶或舌尖的变化宽度 1—2cm，或舌体抬高 3—4cm。对前后元音声道收紧位置约 4cm 或更多一些。上面提到的评论一个共同的目标就是独立操控发音参数，然而到目前为止，我们缺乏合适的标准去独立调整发音参数。对声门外展、内收参数独立操控标准预期将得到实现，然而其他参数，如辅音的关闭程度，仍然是不清楚的。

图 10 的 QNS 中三个区发音参数变化依赖于发音器官的结构。对这种变化的精度在 Studdert-Kennedy（1989）的评论中给出了意见。舌体运动的精度大大小于声带外展—内收的精度。

对以上评论，Stevens 认为在声学—发音关系中声学参数变化是相当大的，包括在不同频率范围内频谱振幅和谱凸显频率。假设这些简单的声学参数是跟随发音器官参数定位在类平台区间（QNS 图 1 中由 I 区到 III 区），从而使听音人得到分辨，也就是必须区别发音—声学关系坐标上的参数与听觉系统得到不同响应的那些特征。正是这些特征形成了语音特征（features）的声学相关。毋庸讳言，我们的听觉处理知识还没有达到定量的方法去说明响应的区别模式（distinctive pattern）。

在 QNS 中提到的发音—声学证据其中许多涉及对语音产生系统模型各成分行为（behavior）的检验。使用模型的理由之一是能够很好控制参数。另一种逼近方法在 Perkell & Cohen（1989）和 Fujimura（1989）的评论中提到，测量发音时的声学和发音参数在相同的语声进行重复测量，即可在相同的环境中，也可在不同的语境中，这样可确定发音人控制这些发音参数的精度，也有助收集与发音参数相关的声学数据。

1.3 关于发音—声学转换的计算

上面介绍了 Stevens 的"声管耦合"模型以及一些语言学家的评论，本文作者在 1983 年初在一台内存只有 16K 的微小型计算机上完成了普通话元音发音参数与声学参数（共振峰）之间关系的系列实验（鲍怀翘 1984），1989 年将实验结论集成在《实验语音学概要》中（鲍怀翘、林茂灿 2014）。发音器官参数是真实的，完全依据中国社会科学院语言研究所 60 年代初完成的五个发音人的 X 光片。在实验中我们也进行了类似 Stevens 均匀声管模型计算中改变前后腔长度的研究，即收紧点沿声道长度前后移动。但从得到的各共振峰频率走向来看，与 Stevens 的结果是有较大差距的。我们同时还计算了改变前、后腔面积、改变唇形面积和改变声管总长度等发音参数得到共振峰频率的变化数据。整体看来，各共振峰变化的斜率是不同的，也没有发现明显的平稳段。当然这两种实验虽然都是由面积函数求共振峰（自然频率）参数，但由于研究目的的不同，因此具体执行方法模型和算法是不同的。我们的目的在于探究声腔各参数变化与共振峰变化之关系，也就是收紧点（舌位）前后移动，前、后腔体积改变（近似舌位高低）和唇开度大小对共振峰的影响，找出它们之间总的倾向，见图 12。

通过实验我们发现，发音器官参数变化对 F_1、F_2 是灵敏的，F_3 次之，F_4、F_5 的变化不明显。具体来说，舌位前后移动

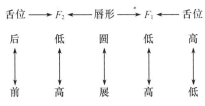

舌位 ⟶ F_2 ⟵ 唇形 ⟶ F_1 ⟵ 舌位

| 后 | 低 | 圆 | 低 | 高 |
| 前 | 高 | 展 | 高 | 低 |

图 12　舌位与头两个共振峰频率关系

对 F_2 比较敏感，而收紧点面积的改变会使 F_1 有较大的变化。这与我们在实际语音声学分析中获得的结果是相同的，也得到合成实验的应证。

2. 感知对立和发音器官稳定性及其精度

QNS 中的非单调性发音—声学关系对揭示语音区别特征提供了一个重要基础。非单调性关系中存在平台的假设影响到言语产生中对发音参数处置的正确性。对这个问题，方面一些学者有如下评论：

（1）在定义名词如 contrast，stability 和 precision 方面缺乏严谨性（Studdert-Kennedy 1989）；定义非单调性的发音和声学参数定位在静态构型和特性上，很少关注言语产生的运动和姿态方面（Fujimura 1989，Goldstein 1989，Studdert-Kennedy 1989）。

（2）为了得到声学上最终的产出只需要有限发音器官精度，而这假设与在语流中通常出现的弱化、同化现象不一致（Goldstein 1989，Lindblom & Engstrand 1989，Fant 1989）。

（3）在 QNS 中倾向于限定讨论发音—声学关系包括单一的发音维度，而其他维度保持恒定。但是发出一个语音音段要求众多发音维度协同动作（Abry 1989，等）。

（4）除了 QNS 文章中所考虑的非单调性或量子关系外的其他因素可能对语言中实际出现的语音清单（inventory）具有不可忽视的影响（Ladeforged & Lindau 1989，Lindblom & Engstrand 1989，ten Bosch & Pols 1989，Diehl 1989）。

Stevens 对以上问题作了如下解答。

2.1 对立（contrast），稳定性（stability）和精度（precision）的定义

"对立"的概念是一个面向听音人的概念。在 QNS 中 Ⅰ 区和 Ⅲ 区定义的声学参数可能是两组值，它们代表十分不同的声学参数，使听觉系统触发了不同的响应模式。例如，元音 F_2 与 F_3 相关，而非与 F_1 相关；声音是否存在低频周期性（注：关系到元音是否鼻化）；F_1 凸显形状微扰程度是否超过一定阈值；辅音受噪声激励的共振峰是否处在邻接元音 F_2、F_3 范围内，或者它在这个范围之上能量得到凸显等。

在某些声学—发音关系中声学改变从 Ⅰ 区到 Ⅲ 区是非常突然的，如定义 sonorant 到 non-sonorant 区域的改变，或者声道由完全关闭到突然打开。结果 Ⅱ 区被定义为 contrast（对立），因为发音系统在 Ⅱ 区突然改变。但在某些关系中穿越 Ⅱ 区不是突然的，如低后元音与低前元音之间的区别，是由较低的 F_2 逐渐向较高的 F_2 转化。因此，对立的显著性或程度在量化测量上是不易建立的。

"稳定性"这个概念与精度是相关的。"稳定"的基本思想是在一个发音参数范围内（相当于 Ⅰ 区和 Ⅲ 区），其参数的设定是相当宽松的，只要声学参数在这期间没有发生有意义的改变。例如，在语境中取得某个声学特性，允许发音参数的某些变化或补偿，而不要求发音十分精确。在声学—发音关系中，如果产出了一个对应平台的持续发音，那么，其声学参数在整个音长中将保持稳定而发音参数却有变化。如发擦音允许收紧点面积有些变化而摩擦噪声的振幅却没有发生本质意义的改变。

2.2 言语产出中的静态（static）与运动（kinematic）

在 QNS 中提出了相当于平台的发音参数（发音结构的目标构型），但这并不暗示语音特征的发音可能出现静态的发音构型和稳定的声学特性这种单调性关系。

在特定的话语中当发音参数穿越两个平台之间的区域时,声学参数有一个相当突然的变化。一些与语音特征相关的声学特性是通过对Ⅱ区前后的不同时间点的声学采样之间关系确定的。例如,一个非连续辅音(如塞音)的目标构型对应于声道某个点的完全关闭,区别特征[－continuant]的声学表现为无声段(gap)后的除阻或者一个低振幅(voice bar)后的除阻。突然释放或者前加内破裂(implosive)被认为是发音参数穿越Ⅱ区的结果。另一类短时声谱的变化出现在塞音除阻处(附近),同时连续谱之间的关系可以用来认定发音部位(指过渡音)。于是,非单调性或非连续性的声学—发音关系即可定义与平台相关联的声学和发音参数,也可定义时变的或由两个相邻平台之间发音器官移动造成的相关声学特性。

探究声学—发音关系的目的在于建立具有区别意义(对立)的声学特性清单。有的评论指出,用特征矩阵方式对言语感知来说可能不是一个有用的办法,同时也不能捕捉到发音过程的动态方面,倒不如用姿态叠加来表示可能是一条更有成效的途径,因为这样的表示以更自然的方式考虑到语境的变化。Stevens 认为,对这个问题的讨论其核心涉及词汇的模型,这已超出了 QNS 的范围。在 QNS 中只是试图去给出各种声学—发音关系,在这些关系中包括了平台和过渡区域,这些关系在形成语音范畴上起到了决定性作用。这些关系也提供了语音特性清单,包括非连续性和能用来指示作为样品的特性,它们对语音感知是有效的。也就是说,QNS 假定言语感知的初始阶段包括了对这些事件响应的处置,并赋值声学特性给这些事件和这些事件定义的区域。并认为这些处置过程是推论话语更抽象表示的基本步骤,它可能是姿态系列,离散音段,区别特征,或者其他形式。不过 QNS 认识到由声音到更抽象转换可能会出现不一致。

2.3 量子关系会降低发音的精度吗?

Goldstein (1989),Lindblom & Eng-strand (1989),Fant (1989) 和 Fujimura

(1989) 指出,在连续语流中常常不可能得到声学特性的稳定段。提到的例子是辅音的弱化使塞音变成连续音,持续的清擦音变成响音,特别在重读音节之后的位置上。此外,还有很多同化现象,由此声学特性也改变了原来的范围。面对相当宽松的发音精度,为什么得不到理想的、预期的声学结果呢?对以上提出的问题 Stevens 认为是语音信号特性常常存在冗余度,不是全部声学特性都用来定义一个词的常规形式,某些变化(如一个擦音去替代塞音)不会干扰这个词的认定,比如"spokeman"被读成"sposman"。因为英语中软腭塞音与擦音是不对立的,当一个词放在一定的语境中,那么冗余度就会增加,很多因素都会参与发音补偿,甚至离声学—发音关系中平台定义的精度很远。

2.4 单一发音维度是否限制了 QNS 的通用性?

几个评论批评 QNS 所举声学—发音关系非单调性的例子只包括一个发音参数(见本文 1.1)。对此,Stevens 在上面已指出,选择发音维度的目的在于能独立控制,假若几个维度同时使用会使得发音—声学关系找不到已知的平台和过渡区域。

在 QNS 中没有去系统地检验每一个发音参数平台和过渡段的位置,当其他参数固定不变的情况下。对某些关系,可以预测这些临界区域确实是独立设置其他参数,而这些其他参数可能会发生相互作用。例如,声道收紧点截面积由响音(口内建立不起来超压)过渡到非响音是在声道收紧点上独立作用的,即使它(或多或少)依赖于声门构型(breathy or pressed voicing)和声门下压力。

当声门内收—外展维度发生改变时,可以不依赖元音舌体构型的改变而使发声类型由气嗓音过渡到正常嗓音,再到挤压嗓音(pressed voice)。腭咽打开引起鼻化,其阈值多少与元音构型相关。舌体的位置影响 F_2 的稳定性,舌体向前向后都会使 F_2 发生变化,且又与圆唇度有关。在阻碍辅音里(obstruent)舌叶或舌体收紧的位置使其获得稳定的结果,即声谱峰

与后接元音的 F_2 相连续，不管辅音是连续音摩擦音还是塞音其结果都是相同的。有意义的是，无论是阻碍音还是鼻音，相同的收紧位置可以得到相似的声学输出，当然进一步的研究是必要的。

这些例子说明平台和过渡区域或多或少独立于其他发音参数的设置，例外也可能是存在的。在鼻化元音情况下，发音人降低软腭，打开鼻咽口的面积是依赖元音高度的（Henderson，1984），显然，QNS 理论的这些方面还需要进一步研究。

也存在这样的情况，在特定发音—声学关系中，对某组值（而其他发音参数固定不变）可能存在平台，但对另一组值则不会出现平台。例如，阻碍音的发音位置在小舌和咽腔时，发音—声学关系就会呈现出平台。但是这些位置上的鼻辅音不可能产生平台，舌冠擦音相关的发音位置与对应的声学属性（建立在声学—发音关系上的平台与过渡区域）在 QNS 中没有讨论到，这大概是全部鼻辅音发音部位不存在类似的发音—声学关系。因为对擦音来说建立在声学特性上的关系只能由扰动噪声产生，与此相类似，一定的特征组合使用在语言中是绝对无效的。

作为定义语音特征基础的一维非单调性声学—发音关系的有效性问题，已由 Blumstein（1989）提到了。其例子是不同部位的塞音、擦音和鼻辅音，在不同发音方法条件下，它们的声学参数是不同的。部位相同但发音方法不同其声学特性是否相同？不同方法的声学（或感知）相关都是不同的吗？当然，相似的方法会有相似的声学表现，例如，齿龈塞音和齿龈鼻音较之双唇塞音和双唇鼻音显示出更高频段的能量（与邻接元音的入渡（onset）关系）。也就是不同方法但部位相同有着相似的语音对立声学相关。这种说法的历史已经很久了，也是 Jakobson，Fant 和 Halle（1963）区别特征的中心思想。

Blumstein（1989）进一步的问题是，与特定特征（如定义辅音发音部位的特征）相联系的声学特性在 CV 环境中是相同的吗？这方面的工作需要更多的研究来证明。

2.5 语音量子理论局限性

Stevens 声明，QNS 理论发展的目的在于确定语音对立的客观标准。当下的理论是不区别语言中的语音对立，或仅有少数是由语音对立的，也不去预测语言中元音和辅音清单的大小和它们是如何被公布的。在量子理论的框架内，以感知距离的测量去赋值每组的对立的程度或者感知的显著度（QNS 中的 II 区）。Lindblom 和他的同事已经做了些努力（Lindblom & Engstrand 1989）。语音清单方面还有很大的领域值得进一步去研究，但在目前阶段量子理论不注重这个问题。

本文作者认为，上面提到的"对立"是针对语音感知的。众所周知，辅音，如 /b/、/d/、/g/是属范畴感知，它们的发音—声学关系符合 QNS 中平台（I 区、III 区）和不连续（II 区），但对元音来说就很勉强了，因为元音属连续感知，没有明显的范畴。Stevens 也承认，低后元音与低前元音之间的区别，"对立的显著性或程度在量化测量上是不易建立的"。

从上面对"对立""稳定性""精确度"以及"稳定对动态"的讨论中，我们可以看出 Stevens 提出量子理论，其目的正如他自己所说的，"探究声学—发音关系的目的在于建立具有区别意义（对立）的声学特性清单"，也就是给区别特征提供发音—声学的解释。这种局限性使他无法对众多评论作出满意的回答。众所周知，语音底层虽可以用特征矩阵定义一个音，但当这个音一进入语流中（音节、词和短语）就会产生音变甚至脱落，所赋值该音段（或音位）的区别特征及其包含的声学—发音特性也将随之消失其意义。我们认为语言的本质特性，无论是发音的还是声学的，存在于语流中，因而语流中的语音研究应受到特别关注。所以 Stevens 认为语音的动态特性"这个问题讨论的中心词汇的模型，这已超出了 QNS 的范围"，这就是 QNS 问题所在。

为了补偿 QNS 理论的局限性，Stevens & Keyser 在 2010 年的文章中 [7]，

9

针对在语流中音变问题,提出了"增强"(enhancement)和"叠接"(overlap)的概念来补充 QNS 的不足。我们觉得所举例子及解释无补于 QNS 的局限,反而觉得用"协同发音"的理论来阐述更能说明问题。我们认为,"协同发音"理论的研究是语音学核心问题之一,应大力提倡。但无论如何,Stevens 回答中对 VCV 语音串的分析,包括喉—声腔收紧联动的说明,无疑值得我们学习;他提出的语音发音生理和声学分析相结合的研究方法也是语音研究必须遵循的道路。只有深入研究语音生理特征,才能正确理解语音的声学现象,这是 QNS 对我们的最大启示。

参考文献

Stevens,K. N. (1989) "On the quantal nature of speech", Journal of Phonetics,17:3—43.

Stevens,K. N. (1989) "Response to commentaries", Journal of Phonetics,17:145—157.

李智强:《区别特征理论的语音学基础》,《中国语音学报》第 4 辑,商务印书馆 2014 年版。

鲍怀翘、林茂灿主编:《实验语音学概要》增订版,北京大学出版社 2014 年版,第 107—113 页。

鲍怀翘:《声道截面函数和元音共振峰计算》,《应用声学学术讨论会文集》,又见《声积函数和共振峰频率的初步报告》,中国社会科学院语言研究所《语音研究报告》光盘版,1984 年。

Jakobson,R.,Fant,G. & Halle,M. (1963) Preliminaries to speech analysis, Cambridge MA:MIT press.

Stevens,K. N. & Keyser,S. J. (2010) "Quantal theory, enhancement and overlap", Journal of Phonetics,38:10—19.

Henderson,J. B. (1984) Velopharyngeal function in oral and nasal vowel:across-language study, Unpublished doctor dissertation, university of Connecticut.

Lindblom,B. & Engstrand,O. (1989) "In what sense is speech quantal?" Journal of Phonetics,17:107—121.

Fant,G. (1989) "Quantal theory and features", Journal of Phonetics,17:79—86.

Ladeforged,P. & Lindau,M. (1989) "Modeling articulatory-acoustic relations:A Comment on Stevens' On the quantal nature of speech", Journal of Phonetics:17,99—106.

House,A. S. & Stevens,K. N. (1956) "Analog studies of the nasalization of vowels", Journal of Speech and Hearing Disorders,21:218—232.

Diehl,R. L. (1989) "Reamrks on Stevens' quantal nature of speech", Journal of Phonetics,17:71—78.

Perkell,J. S. & Cohen,M. H. (1989) "An indirect test of the quantal nature of speech in production of the vowels/i/, /a/and/u/", Journal of Phonetics,17:123—134.

Kakita,Y. & Fujimura,O. (1977) "Computational model of the tongue:a revise version", Journal of the Acoustical Society of America,62 (51):515 (A).

Abry,C.,Boe,L. J. & Schwartz,J. L. (1989) "Plateaus, catastrophes and the structuring of vowel systems", Journal of Phonetics,17:47—54.

Studdert-Kennedy,M. (1989) "Feature fitting:a comment on K. N. Stevens' On the quantal nature of speech", Journal of Phonetics,17:135—143.

Fujimura,O. (1989) "Comments on 'on the quantal nature of speech'", Journal of Phonetics,17:87—90.

Goldstein,L. (1989) "On the domain of the quantal theory", Journal of Phonetics,17:91—97.

Bosch,L. F. M. & Pols,L. C. W. (1989) "On the necessity of quantal assumptions:Questions to the quantal theory", Journal of Phonetics,17:87—90.

Blumstein,S. E. (1989) "Theoretical implications of the quantal nature of speech:a commentary", Journal of Phonetics,17:55—61.

鲍怀翘 中国语言学会语音学分会会员,中国社会科学院民族学与人类学研究所 研究员。研究领域:语音学。
E-mail:hqbao@163com

从口语韵律的功能与分析看语音对立

郑秋豫

摘　要　本文从韵律功能切入语音现象，从对比的角度分析解释口语韵律，以解构汉语字调、小句调及英语词重音的声学与感知对比强度，并根据语流中焦点强调之分析结果，以音系之范畴对立思路试论形成对立的条件及意义。本文强调，分析语料需先就其特性，考虑分析单位及方法，厘清口语体中可预测信息及语言体系指派信息的关系，才能透视语言事实并提出正确的语音解释。

关键词　口语，韵律，韵律功能，语段韵律，韵律表达，韵律突出，相对性，对立，对比程度，范畴性

Prosodic Contrast and Categorical Difference

TSENG Chiu-yu

Abstract The paper employs a corpus analysis of speech data to address issues of phonology-and-syntax-specified canonical prosodic differentiations, and provides an acoustic account of why sufficient degree of contrast is necessary to express categorical differentiations and why categorical differentiation is more about realizing systematic discrimination instead of maintaining canonical forms. Our data of Mandarin tones demonstrate how lexically defined tone categories are realized in prosodically discriminative patterns that may deviate from the canonical forms considerably. In the case of syntactically defined sentence, we cite Mandarin evidence of why modulations of intonation contour patterns are predictable instead of random variation. In the case of lexically defined 3-way stress categories in English, our data further demonstrate how the categories are often merged into predictable binary contrasts in realized speech and why. We therefore conclude that more accurate understanding of communicative speech can be achieved from better clarification of how canonical categories are derived in speech output rather than taking canonical forms by face value.

Key words Speech, Prosody, Prosodic function, Segmental prosody, Prosodic expressions, Prominence, Relative contrast, Degree of contrast, Categories and categorical differentiation

1. 前言——语料有类分析有别

近年来由于科技的大幅进步及各式数据库的建置，取得大量的口语语料早已不是难事。口语语料形式繁多，与文本语料最大的差异在于口语中夹带了大量无法以文字表达的信息，比如依照文本朗读、一人即席演讲、二人或多人即兴对话等不同形式的语料，呈现的语音表达及语音信号中的语言信息差异极大，除了语言信息，口语信号中还夹带了许多其他的表达，如大范围的语段关系、来自语义及发话人的意图的焦点信息配置与权重等。更不用说还有发话人的情绪、口气等。我们认为，区分口语和语言是研究语音必需的知识，无论是收集设计和分析方法都需个别考虑，不可一视同仁。研究语音如能从理解语音信号的视角出发，自然会质疑在方法上以音系单位分析口语信号是否可行，也不易对实际体现的语音信号和抽象语言单位的差异视而不见。若能从多元的口语语料修订分析视角、单位、方法，才能在更贴近口语事实的情况下，提供更全面的解释，口语韵律的研究正是一个极好的例子。

有关韵律的讨论，语音学的文献大多仍未从区别自然口语和诱发语料的角度思考，维持以音系单位描述现象的思路，因

此，尚未思考源自音系句法的韵律现象和其他原因造成的韵律变化的区别，而以变异视之。可是，语音科技发展的过程中，无论是语音合成或语音识别皆已对韵律现象提出相当不同的见解，强调韵律里的音系以外的他类信息、表达成分的功能与意义，作各式分析并获极有意义的证据（Mixdorff 2002；Schötz 2002），但这些说法因属通信功能通常不为语音学界所引用。语音学文献中的韵律研究，至今仍偏重由下而上以音系单位为主而止于以小句调为单位分别检视，对小句调的体现多且仍停留在句调下倾是如何的变化多端，而极少探讨解释造成语音体现变化的原因（Hirst 2011，Kholer 2011，Ladd 2008），以致以韵律为题的研究虽众，但对现象全面性的理解却仍显不足。其实，如何厘清韵律及副语言现象，虽至今尚无定论，但仅以个别音系单位和小句势调来理解韵律现象的不足，却是不争的事实。换言之，探讨口语里的韵律现象或韵律表达，若不考虑由小句组成语段的语境条件以及表达通信（communication）功能的语用语者信息，对口语韵律的整体理解必定不够全面，以致近年来有的用音系单位分析种种口语现象的时候，在分析阶段便出现将表象与体系单位的多对一关系混淆，因而不能免除偏离口语事实的情况。本文以口语韵律为题，首先主要讨论如何深入理解语言表象，然后再结合语言学体系层面的观念加以解释。

前文已提到语音学分析习惯于采用由下而上的角度、从最小的单位开始，向来以定性的音段为单位、以其物理特征为主，关切的是对现象的描述；而汉语语音学的研究，则又加上强调声调部分的研究。但音段和字调在物理性上有极大的差异：音段的构组来自气流通过舌位结合双唇的成阻与除阻，在物理上是定性的，可用共振峰的绝对值表示；这些定性的物理现象因语言不同而有些差异，但皆可以发音部位和发音方式如何组合定性成分、建立范畴性的对立来解释。而字调的构组来自调节声带制造音高的变化，和长短强弱的变化一样，属超音段成分，并无定性可

言，在听感上对应音高的单位是半音的相对高低，长短是相对节奏快慢变化，强弱也是相对的响度大小。字调的音系对立关系，是各个字调的音高变化组型是否具区辨性，并不能以绝对值表示。因此在声学测量上，音段和超音段是分开的。我们都知道标注音段时，宽标注的目标是呈现音系性的类别，窄标注的目标则是呈现信号上的特性，宽窄之间对应是一对多。不过，对应虽不对等，但并不影响类别。我们认为字调及小句调在原型与体现间也有类似宽窄标注间一对多的关系，而不应以直观是否合于原型为标准答案；形状类似但斜率不同时就以变异视之，更在研究连读变调的基础上，习惯于用相邻语音单位的线性连接关系来处理语境中的小句之间的关系，局限了对语流韵律的全面理解。

自 20 世纪 90 年代起，言语科学（speech science）的研究，取材多以具通讯交际目的的材料，也因此更进一步地发现，连续说出或自发性的口语信号中，除了语言体系本身的信息，还带有许多无法标注的信息。语音的研究，不能再局限于定量的语料与定性的描述，必须从如何更贴切地理解语音变异（phonetic variations）的角度，解决进行式的口语沟通中，除音段、声调外，语音信号中同时存有大量承载其他语言信息的信息，同时表达来自由上而下规范小句间的关系和信息轻重的功能（详见 Schötz（2002）从语音识别的瓶颈反思韵律现象的论述）。其实，自然语言处理 NLP（Natural Language Processing）的大量文献也早就指出，既然语言的结构是阶层式的，阶层可上下伸展，从平行分析的角度看来，由下而上和由上而下的处理自然是互补的，其互补造成的加权和抵消都可以建模的方式计算并验证，任何一方都不可或缺。有趣的是，从生成句法开始，研究句法所使用的阶层式架构，一方面不但定义了不同层级的单位，兼顾了同层级的平行亲属间的相邻线性关系及来自上层管辖的从属关系所规范的跨越关系；另一方面也默认了上下平行处理的逻辑及加权抵消的机制。但语音学的测量与描述，单位仍止于下层单位如音

段及其间的线性关系为主要考虑,造成研究韵律现象最大的缺陷。

2. 韵律与口语韵律

凡口语语料必有韵律信息,但口语的类别决定了韵律特性。以朗读口语和自然口语为例:若以单一小句为单位,如"张三打了李四"一次朗读一句,这样的小句语料仅表达了语言信息,其语境仅有句法关系,抑扬顿挫的变化有限,无论是个别音段或句调都可用原型来分析带过。若以复杂句为单位逐句朗读,"有一天北风与太阳争论谁的力量大,说着说着来了一个走道儿的……"这样的复杂句变表达了语言信息和小句间的关系,抑扬顿挫会透过高低快慢轻重的调节增加,语境不仅局限于句法关系,个别音段和句调的原型也不足表示这些变化。若是朗读"北风与太阳"这个故事,其间的抑扬顿挫所表达的篇章关系、重点信息更加复杂,若仍以同样的单位以其原型为标准答案,那是无法理解韵律表达中的大部分意义的。

20 世纪 90 年代以来,口语韵律成为发展语音科技研究的重点课题,至今已有大量的文献,也衍生许多相关的课题。韵律的定义非常简单:即语言中的乐律性特征结构在听感上造成音高、节奏及强弱的变化的表达,在声学层面是超音段参数基频、音长及响度的变化。但从上文便不难理解,这个定义的预设,已有先需设定承载变化的单位,进而检视变化的组型及相对意义。以音系学的高低对比为例,虽定义了二分(高低即 HL)或三分(高中低 HML)的相对性,但若未将单位定义清楚,声学测量时仅以单音节的赫兹值表示,对比意义是不足的。以节奏快慢为例,若比较声学语音单位音长(duration)和音乐定义的节奏,语音学的声学语音分析常任取一段信号以时间单位如毫秒测量其长度,便称之为节奏,其实是没有对比意义的。近年来大量被使用表节奏的 PVI(Pairwise Variability Index PVI, Grabe & Low 2002),便是最典型的例子。PVI 指数的测量单位是相邻元音与辅音间音段

时长的对比,表组型的最大的单位是词(如英语单字),但语言里的节奏(rhythm)并不止于词,以致至今我们对语速也仅止于音节平均时长,而对说话行进时的快慢调节无法解释。反观音乐结构,凡节奏必先界定乐句单位,必须在一个乐句里先定义有几个小节、每小节有几拍,小节内的拍数与长短变化如何交替调节,以上个别节拍的调节又必须配合乐句单位快慢调节,而从不就个别单位测量秒数变化来表达节奏。至于强弱的变化,原理也是一样的。其实,所谓高低或快慢强弱都是以组型表达的相对现象,无论是听感或声学参数上,一旦抽离组型都不具意义,无法以个别单位来理解。再比较朗读个别小句节篇章为例,朗读篇章时,通过韵律表达的除了各小句的语言信息外,还有上层语篇和重点语意、发话人意图等信息。上层语篇信息通过系统性的起承转合架构,系统性地将短语小句组成具关连性的语段;语意重点和发话人意图则通过韵律亮点表达语用及标地性信息的位置,也因此增加了高低快慢与强弱的变化,试问这些转写不出的语音表象又该如何解释?若以课堂讲授的自然口语为例,其起承转合中高低快慢变异又有更多的沟通信息,韵律性何其更多,又该如何分析?若再以自然对话为例,岂不更加复杂?从多元语料的韵律现象切入,便可发现语音信号中还夹带了音系句法信息以外的来自语段语篇的上层信息、及表通信交际信息的语意重点、发话人情绪等信息,这些信息的性质基本上都是超音段的相对信息,有组型而可预测,不需也不属于语言体系中指派,但清楚地存于口语信号中,与语言体系的指派信息互动而造成语音信号的变化。如果不能先厘清这些物理现象功能,界定单位,只是撷取音段来测量其物理性,也就是先抛弃了组型和相对性,从绝对性及指派性来分析,那么对于多变的表面现象,除"变化"一词,大概是想不出太多办法的。因此我们强调语料的类别繁多,分析的单位、方法都应不同。近年来,有少数学者强调从韵律功能的角度解构并分析韵律现象,我们是同意的。我们更进一步主张,

与韵律相关的声学语音分析要从对比角度分析组型的系统性，所获之理解才更贴近语言的事实与沟通表达的意义，才能更清楚地厘清可预测信息和指派性信息的关系。

3. 口语韵律的功能

口语语流中的韵律功能极多（Schötz 2002），我们认为最主要的功能有三：一为表达语言结构中范畴性信息的区辨与对立，如以声调为例，其实就是各基频组型在系统上的区辨性造成的对立意义，因此汉语字调可视为词义韵律（lexical prosody），一般所谓的表句势的句调则可视为句法韵律（syntactic prosody）（见 Tseng et al. 2006），属语言的指派信息。二为表达上层语篇信息的起承转合，我们称为语段韵律（paragraph prosody）或语篇韵律（discourse prosody）（Tseng et al. 2004）。三为表达信息结构的轻重差别与语用意图，可视为重点与表情韵律，属语言的可预测信息。范畴性的信息指以对立（如音系）和结构（如句法）条件，构组各级语言单位；上层语篇信息通过系统性的起承转合架构，系统性地将短语小句组成具关连性的语段；韵律亮点则示意标地性的重点信息位置所在及发话人特指的表达。以上三种功能，在听感上皆以高低快慢强弱表达，对应的声学参数则分别为基频、时长和响度三个参数，在口语的输出时皆通过超音段参数的变化表达体现，是一体的。因此若摘取任一小段进行测量其基频、时长与响度而称为音高、节奏与强弱，在方法上自然不足。

我们提出以多短语（小句）语段为口语韵律单位，从听测标注结果定义各层级韵律单位及对应层级的边界，分别为：音节 Syl（Syllable）/边界 B1、韵律词 PW（Prosodic Word）/边界 B2、韵律短语 PPh（Prosodic Phrase）/边界 B3、呼吸组 BG（Breath Group）/边界 B4 及语段 PG（Prosodic Phrase Group）/边界 B5。再提出结合词义、句势及语段韵律的多短语语篇韵律架构 HPG（Hierarchical Phrase Grouping, Tseng et al. 2004，2005，2008，2010），

再加上表语段起始、延续及结束的三个位置 PG-initial、PG-medial 及 PG-final，如此便可假定各韵律单位的边界停延程度、相邻及总体关系是有组型、可预测的，通过数据建模验证，预测输出语音信号是结合了以上功能互动的结果。阶层性的互动关系，其逻辑正如赵元任（Chao 1968）以大小波浪所比喻，不同层级相加后，造成加权或抵消，产生表面现象。亦即在层级关系除字调与句调并可上推到复杂句及语段，还可加上各层单位的边界停延效应，通过计算语言模型以仿真各层级的贡献度相加后预估最后输出的表达，再预测各层级及总体的韵律贡献度与实际语音的近似程度，我们分别在基频和时长两个声学参数上均获各层级贡献的证明（Tseng 2008，2010）。因此我们强调，测量时如任取一段进行取基频、时长及响度值，不但无法厘清或代表任一功能的贡献度，也无法解释韵律体现的成因；更何况口语韵律中还含有表重要信息的强调与表语用意图所造成更进一步的轻重缓急差别，都是无法以进行提取语言单位所能透视的。以下二节将分别以字调建模和强调层级说明。

3.1 口语语流里的单字调

3.1.1 以个别字调建模预估语流中字调的体现——区辨性不等于原型

我们统计了 4 位发音人朗读长篇散文 CNA 和不同种类的诗词乐府 CL，首先以单音节字调之原型建模预估在语流中的体现，正确率仅在 38% 与 46% 之间，表示若只使用音节字调预估，能被正确预估的字调不到所有字调的一半。若使用比拟大、小波浪分层对基频输出贡献度，可分别检视句调及字调对体现的效应及贡献度的 Command Response Model（Fujisaki，1984），就 HPG 阶层进行多元回归分析，分别求出字调组件 Aa 在音节层与韵律词层的贡献度，包括音节前后的字调关系、韵律词层信息、此音节前后是否有韵律短语边界及韵律短语句群层边界。加入音节前后的字调关系后，正确率就提升为 45%—55%；加入韵律词层信息后，正确率提升为 52%—67%；随后再加入考虑韵

律短语层以上的边界效应，正确率提升到55％—73％；我们计算出韵律短语、韵律短语句群韵律边界效应的贡献度介于7％与5％间。最后结果显示，结合以上所有韵律信息后，字调组件 Aa 的正确率可达73.80％到56.25％（见表1、表2）。

表1 字调组件在音节层与韵律词层的累积正确率

语料	语者	音节层贡献		韵律词层贡献	
		字调	前后字调关系	韵律词边界效应	韵律词内位置效应
诗词乐府 CL	F054	46.21％	54.74％	60.54％	66.61％
	M056	39.12％	47.86％	57.68％	61.45％
长篇散文 CNA	F051	38.40％	45.00％	48.43％	51.27％
	M051	41.61％	47.96％	51.33％	54.53％

表2 加上边界效应后字调组件的累积正确率

语料	语者	韵律短语层以上边界效应		韵律短语层以上边界效应贡献
		韵律短语层边界效应	韵律短语句群边界效应	
诗词乐府 CL	F054	72.98％	73.80％	7.19％
	M056	64.13％	66.89％	5.43％
长篇散文 CNA	F051	54.41％	56.25％	4.98％
	M051	57.43％	59.32％	4.79％

3.1.2 讨论

上述结果显示，若只用符合单音节原型字调当预测因子，不考虑任何其他效应，即以字调原型的音高曲线走势来辨识语流中的单字调，只能辨识不到一半的单字调，表示口语语流里的单字调多半偏离原型，与听感辨识撷取自语流中的单字调仅有37％的正确辨识率结果相符。以上分析结果也显示，即使加上单字间连读造成的变调，依旧无法解释大部份字调音高的变化，但若加上上层韵律效应，字调音高的辨识明显提升到一定水平，表示虽然字调音高表面变化多端不忠于原型及连接相邻字调的变化，能成功地听辨连续语流字调与信号中的调型，并无绝对的关系。然而，实际上体现时的最终调型的变化是有所根据，与发话产制的单位与规划有关，并非随机而无法预测。我们也因此认为，以原型字调作为语流中单字调的标准答案，并不正确。我们反而要问，听者如何从变化多端的体现，将可预测的韵律信息排除，提取出音系指派的抽象信息，也就是单字调的原型。

3.2 区辨性的意义

3.2.1 语流中单字调的区辨性——虽偏离原型但仍具区辨性

我们进一步采用另一种方式，不以字调原型为标准答案，仅以语流中的四声是否仍具区辨性为目标，分析不同语料不同语者字调的 Aa 模型，并将轻声音节以Tone5 表示，结果发现 Aa 的能量模型在不同语料不同语者间相当一致；进一步检视共同特征，发现不同字调间 Aa 区辨性是存在的，且语者间的个别差异并不大（见图1）。

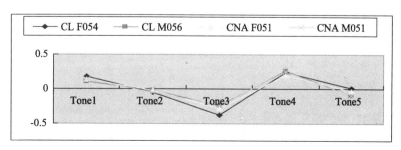

图1 自动撷取出的字调组件对应各个字调之模型

3.2.2 讨论

图 1 的区辨性分析结果显示，字调的体现虽偏离原型，然而五种字调间的区分关系分明，表示以各种变异出现于语流中的字调体现是可以区分的，可视为一种对立关系，在原则上与建立音系所需的对立条件一致；更何况连续语流中的单字调再加上词组及上层语境的协助补强，辨义功能不但更加明确，且无须全部依赖原型调。无怪乎母语者并不感觉到各单字调的变化却总以能听见单字调告知，殊不知其实听见了的并不是原型调，而是预测合于意义的结果。基于以上二项分析单字调的结果，证明检视语流中的语料不应以原型字调为标准，也不应以变异视之，而可以如何维持对立达其辨义功能为解释。

4. 从焦点和词重音的体现看对立

4.1 汉语口里的焦点与对立——对比与对比程度

近数年来在听感上称显著性（prominence 原意为突出）的焦点（focus）与后焦点压缩（post-focus compression）是韵律研究的热点课题（Xu 2011）。我们注意到焦点与后焦点压缩的研究，经常是将现象分开，个别检视其声学表现，比如对后焦点压缩的一个主要结论是有助于焦点的辨识（Xu 2011）。我们认为将这些现象孤立出来分析是研究方法上的盲点，因而改采对立与对立强度的角度来解释这些现象。语流中不具音系范畴性的表义结构及信息权重，其系统性正是造成范畴性单位在语流体现时的主要变因，只是这些现象的对比程度上，常因其相对性的本质而容许不同的程度对比力度。以贾媛（2012）为例，设计操弄四种变异项 RB（rheme background）、RF（rheme focus）、TB（theme background）、TF（theme focus）的问句，诱发同一字调单字所构成的小句为回答，结果显示回答会因焦点位置的不同，而在音高体现时产生变化，造成同样的小句里各单字调和小句句调的多种体现（图 2 仅为一例）。重点是各单字调及小句

调与诱发操弄的变异项呈正相关而非任意变异，表示二者的变异是系统性的而非一般所谓的语音变异（phonetic variation）。

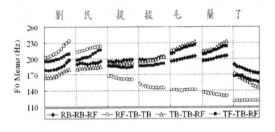

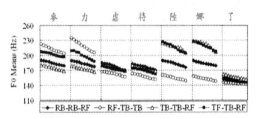

图 2 同一字调构组句，音高会因信息焦点位置不同而有不同的体现（贾媛，2012）

我们从韵律功能的观点，将焦点的体现称为韵律突出（prosodic highlight），并对如何从现实语音中提取抽象语言单位提出了具体的证据（Tseng & Su 2010）。我们从韵律突出与突出在声学语境上制造出的对比效应及对比强度的正相关，提出焦点或强调（emphasis）与其前后相邻单位的对比强度，是加强韵律表达（expressiveness）的主要原因；也因此认为，间隔焦点的压缩成分与焦点的反差，造成不同的对比强度，才是韵律表达程度的关键。有实验显示，若在小句中，强行置入二个或多个相邻焦点，让焦点连续出现，要求受试者读出，结果是做不到的，受试者最终仅能在句尾边界前体现最后一个焦点（Jia & Li 2010），这个证据显示，压缩弱化是聚焦强调得以彰显的必要条件，二者相辅相成缺一不可。后焦点压缩的角色，不仅仅是有助辨认焦点的辅助成分（Xu 2011），而是焦点通过对比才能显现的必要成分。

我们统计大批语料中获自听感标注的突出成分，发现焦点前后都有压缩现象，

前焦点压缩小于后焦点压缩，因此后焦点压缩比前焦点压缩更具区辨意义。我们也发现，语流中两个以上强调成分从不连续出现，此一现象从对比的角度看是很容易解释的：当相邻单位音高长短和响度都相似时，在声学信号上无法产生对比，在听感上就没有抑扬顿挫了。所以，凡有焦点必伴有压缩，因此无论焦点或后焦点压缩均不可孤立视之。通过焦点表达的是信息结构及信息权重（Tseng et al. 2011），因此语流中的韵律单位，与信息结构的对应是很清楚的，这也是口语和文本的最大差异。以上又提供了信号中可厘清语言体现时可预测信息和语言体系指派性信息的证据。

4.2. 英语词重音的对立——二分或三分

英语的词重音分三级：一级（primary或称主要）、二级（secondary）与三级（tertiary）重音，一级重音的相对音高与音长均大于二级和三级重音，我们把英语的词重音也视为一种词义韵律，进而检视其语音体现。我们录制7位（2男5女）母语美语发音人和7位（3男4女）母语台湾国语发音人的二语英语语料（AE-SOP-ILAS），每位发音人均朗读20个目标词，目标词含2至4音节的常用词，主要重音的音节位置平均分配，再将目标词崁入负载句。分析以上三级重音的音高（基频F0）和长短（时长Dur）的对比程度，获得以下结果。

4.2.1 单词音高分析——比较母语英语（L1）与台湾二语英语（L2）

依据语者母语和词重音等级分类后，我们比较母语和二语各级词重音的音高特征，结果显示，英语母语者的音高和音长，在第一级重音与二级、三级重音间呈明显的对比，具区辨性；但二级和三级重音间差别有限，并无明显区辨性。台湾二语英语的语料，音高在三级重音之间皆无区辨性，而音长特征则与母语者类似，表示二语的体现，音高对比度不足但节奏并无大异。

4.2.2 讨论

以上重音三级对立程度比较中发现，音高对比度程度可区分母语者与台二语者

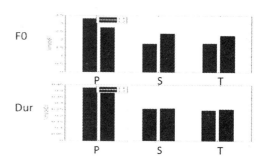

图3 依据词重音等级跟语者母语分类的英文语料的音高和音长特征，P/S/T分别表示一级重音/二级重音/无重音

体现词义重音的差异。二语者的音高三级对立程度不如母语者，显示非母语者发音的高低对比程度明显不足。相对于音高的区辨效应，音长并不是一个可以区辨母语者与非母语者间差异的特征。有趣的是，母语者音高的区辨效应虽然明显，但主要来自在第一级重音及其他两类之间的区辨效应，只维持了二分的对立，可见辞典定义的三级对立，在口语中即便不维持也无损词义的区辨。这个结果也显示，口语体现时，会因种种原因简化对立，因此，维持何种对立与系统性架构的建立，是可以进一步探讨的。

4.2.2.1 单词音高节奏的PVI分析——比较母语英语（L1）与台湾二语英语（L2）

以上4.2.1节分析结果显示，节奏并不能作为区辨母语者与非母语者间差异的特征，这个结果与比较澳洲母语英语与越南移民二语英语的结果（Mixdorff & Ingram 2009）截然不同，该研究结果显示，越南移民的二语英语无论音高的调阈或音节长度都较母语者大而长，推论英语的节奏为轻重音时长，而越南语是单音节声调语言，节奏为音节时长，因此二者差异以节奏最为明显。台湾二语英语者与越南语者的母语同为单音节声调语言，但差异在音高对比度而非节奏，表示不同的声调语言对习得二语英语造成的影响并不一致。我们因此进一步根据该研究采用的PVI指数（Grabe & Low 2002），也是区分轻重音时长与音节时长最常用的分类指数，分

析母语英语与台湾二语英语单词的时长（节奏），同时分析音高（高低）与响度（强弱）。PVI 指数为邻近音系单位对比程度的指针，我们略过音段，以音节为单位，比较母语者相对二语者 PVI 指数值（L1 _ PVI/L2 _ PVI），结果显示，相对于非母语者，母语者邻近音节的音高对比程度远大于非母语者，然而音长与音强并未显示母语者与非母语者间明显的区辨（见图 4）。

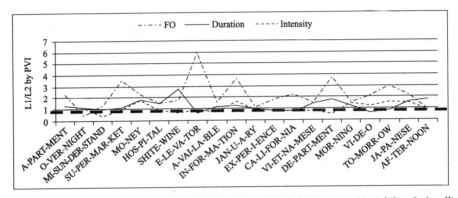

图 4　根据英文词与韵律特征分类的母语者相对非母语者的 Pairwise Variability Index 值（L1_PVI/L2_PVI），其中黑虚线表示母语者对比程度等同于非母语者的指标线

4.2.2.2 讨论

以上结果与 4.2.1 的音高时长结果一致，但无法表示对比的程度。4.2.1 的对比分析结果，显示比较邻近音节的音高/音长/音强对比程度，母语者的邻近音高对比度明显大于非母语者。非母语者的邻近音节音高对比度明显不足，相对于 4.2.1 不同级重音的对立，在语流中以词为单位的小范围音高对立，母语者与非母语者间也存在区辨性。我们认为从对立与对立强度的角度来检视词义韵律，也可以提供不一样的理解。尤其有趣的是，从母语者的体现发现英语单词重音虽定义为三级，但体现对比时只需二级便足，与我们早先分析汉语语流中标注听感所获的韵律突出（prosodic highlight）结果是一致的。我们以从听感标注突出对应焦点和强调，将听感突出分为三级：无强调（E1）、有强调（E2）和特别加强（E3），分析这些成分的超音段参数的对比程度的结果发现，E1/E2 或 E1/E3 可区分；但 E2/E3 不可区分，亦即强调虽有三级，但对立只有二级，也提供了二级对立优于三级对立的证据（Tseng et al. 2013）。

5. 结语

口语是人类语言得以传留延续的必然形式，韵律是口语与文本或文字转写最大的差异，当今多元而丰沛的口语语料，提供了研究人类语言的抽象结构与具体呈现的多样性证据。我们认为，针对不同类别的口语语料，研究韵律现象时，加强分析语音单位和研究方法上的考虑，不但值得尝试，也会更进一步的理解信号变化成因，厘清可预测信息和语言指派信息。如何自看似不规则的口语体现，获取抽象的语言单位，更是值得从各种角度探讨，找寻证据。我们从韵律的相关声学参数的对比程度，也发现对比力度越大，越具区辨效应，因而推测，区辨与对立，实为一体之两面。对比力度大，在听感上最为明显，二分的对立最容易体现，显示二分的区辨性易具范畴性。我们认为本研究一方面就语音信号中同时存有可预测信息及语言指派信息提出了证据，二者的关系可通过数据建模厘清；另一方面也可作为语言形成音系对立的一种证据。

参考文献

Jia，Y.，Li，A.（2010）Relation between Focus and Accent in Standard Chinese. ISCSLP，IEEE Press，pp. 348－352

Tseng，C-Y，Chang，C-H and Su，Z-Y（2005）Investigation F0 Reset and Range in relation to Fluent Speech Prosody Hierarchy. Technical Acoustics 24：279－284.

Tseng，C-Y and Pin，S-H（2004）Mandarin Chinese prosodic phrase grouping and modeling：Method and implications. Tonal Aspects of Language—with Emphasis on Tonal Languages（TAL 2004）193－196. Beijing，China. download

Tseng，C-Y，Su，Z-Y and Lee，L-S.（2010）Prosodic Patterns of Information Structure in Spoken Discourse—a Preliminary Study of Mandarin Spontaneous Lecture vs. Read Speech. Speech Prosody . Chicago，U. S. A..

Chao，Yuen-Ren（1968），A Grammar of Spoken Chinese，University of California Press，Berkeley，Los Angeles，London.

Fujisaki，H. and Hirose，K.（1984）"Analysis of Voice Fundamental Frequency Contours for Declarative Sentences of Japanese"，J. Acoust，J. Acoust. Soc. Jpn.（E），1984，5（4）：pp. 233－242.

Grabe，E. & Low，E. L.（2002）"Durational Variability in Speech and the Rhythm Class Hypothesis"，In Gussenhoven，C. & Warner，N.（eds.）Papers in Laboratory Phonology 7，Berlin，Mouton de Gruyter 515－546.

Hirst，D.（2011）"The analysis by synthesis of speech melody：from data to models"，Journal of Speech Sciences，vol. 1，no. 1，2011：55－83.

Jia，Y.（2012）"Phonetic Realization and Phonological Analysis of Focus in Standard Chinese"，CASS publishing，China.

Kohler，K. J.（2011）"From Communicative Functions to Prosodic Forms"，TAL 2011.

Ladd，B.（2008）Intonational Phonology，second edition，Cambridge University Press.

Mixdorff，H. and Ingram，J.（2009）"Prosodic analysis of foreign-accented English"，INTERSPEECH 2009：2527－2530

Mixdorff，H.（2002）"Speech Technology，ToBI，and Making Sense of Prosody"，Speech Prosody 2002，Aix-en-Provence，France.

Schötz，S.（2002）"Linguistic & Paralinguistic Phonetic Variation in Speaker Recognition & Text-to-Speech Synthesis"，in Speech Technology，GSLT.

Tseng，C-Y（2006）An Acoustic Phonetic Study on Tones in Mandarin Chinese. Institute of Linguistics，Academia Sinica，Taipei，Taiwan.（2nd ed. CD-rom）

Tseng，C-Y（2006）"Prosody Analysis"，In Advances in Chinese Spoken Language Processing 57－76. World Scientific Publishing，Singapore.

Tseng，C-Y，Su，Z-Y and Visceglia，T.（2013）"Levels of Lexical Stress Contrast in English and their Realization by L1 and L2 Speakers"，Oriental COCOSDA 2013，India.

Tseng，C-Y，Su，Z-Y and Visceglia，T.（2013）"Underdifferentiation of English Lexical Stress Contrasts by L2 Taiwan Speakers"，Slate 2013 164－167. Grenoble，France.

Tseng，C-Y，Su，Z-Y and Huang，C-F（2011）"Prosodic Highlights in Mandarin Continuous Speech-Cross-Genre Attributes and Implications" . INTERSPEECH 2011，Florence，Italy.

Tseng，C-Y（2010）"Beyond Sentence

Prosody ", INTERSPEECH 2010, Makuhari, Japan.

Tseng, C-Y and Su, Z-Y (2008) "What's in the F0 of Mandarin Speech-Tone, Intonation and beyond", ISCSLP 2008 45－48, Kunming, China.

Tseng, C-Y and Su, Z-Y (2008) "What's in the F0 of Mandarin Speech-Tone, Intonation and beyond", ISCSLP 2008 45－48. Kunming, China.

Xu, Y. (2011) "Post-focus compression: Cross-linguistic distribution and historical origin", ICPhS17, Hong Kong:
152－155.

郑秋豫 女，台湾中央研究院语言学研究所特聘研究员兼所长，美国布朗大学语言学博士，国际口语沟通学会 ISCA 国际指导委员会委员，Orietal-COCOSDA 国际指导委员，汉语口语分析小组 ISCSLP 指导委员，国际中国语言学会 IACL2014－15 会长，中国语言学会语音学分会会员。主要研究方向为交叉实验语音学、计算机语言学及数据库语言学的跨语言语体语音分析及理论解释。

E-mail：cytling@sinica.edu.tw

普通话是非问句语调的起伏度

阎锦婷　王　萍　石　锋

摘　要　本文采用音高起伏度的计算方法，对八位发音人的普通话是非问句（语调问句和带"吗"问句）语料进行量化分析，考察其句调域、词调域的分布位置、跨度及起伏度的音高表现，并和陈述句语调的音高表现作对比。研究支持王萍、石锋（2010）的实验结论，并进一步发现：语调问句和带"吗"问句句末词调域的差别较句首和句中词调域明显，且下线的差别大于上线的差别；二者的语调起伏有相同点也有不同点；疑问语调和语气词"吗"在疑问语气的表达上是叠加与互补的关系。
关键词　是非问句，语调格局，句调域，词调域，起伏度

The Undulating Scale of Yes/No Interrogative Intonation of Mandarin

YAN Jinting，WANG Ping，SHI Feng

Abstract With the method of undulating scale，yes/no interrogative sentences produced by eight speakers were analyzed in a quantitative way. We focused on pitch representation which belong to a full range and a sub-range separately. We compared the pitch of yes/no interrogative sentences and that of declarative sentences as well. The results support Wang Ping and Shi Feng's experimental conclusion and indicate that the difference between interrogative sentences with and without the modal *Ma* is obvious in the ending tone group，especially in the lower bound. There are similarities and differences between these sentences. Meanwhile，interrogative intonation and the modal *Ma* are superimposed and complementary.

Key words Yes/no Interrogative Sentence，Intonation pattern，Full range，Range of tone group，Undulating scale

1. 引言

是非问句以不使用疑问代词区别于"特指问句"，以不使用"X 不 X"的结构区别于"正反问句"，以不使用"（是）A 还是 B"的形式区别于"选择问句"，是疑问句中重要的一类。普通话中，标记是非问句的手段有疑问语调和疑问语气词两种方式。

高美淑（1999），曹剑芬（2002），蒋丹宁、蔡莲红（2003），林茂灿（2004），阮吕娜（2004），江海燕（2005），陈茸、石媛媛（2009），王韫佳（2009），王萍、石锋（2010）等多位学者通过声学实验的方法对普通话是非问句的语调进行了考察。但是，目前来看，学者们关注较多的是不带疑问词的简单问句，对于带疑问语

气词的是非问句，及其和陈述句语调的关系的研究仍显薄弱。有些研究虽涉及带疑问语气词的是非问句，但存在被试数量过少、只观察基频曲线无量化数据等问题，降低了结论的可靠性。

刘月华（1988）曾从形式特点、表达功能和对语境的依赖性等角度讨论了语调是非问句和带"吗"的是非问句的不同；袁毓林（1993）详细地分析了二者从形式到意义的一系列区别，指出除了构成方式上存在差异外，各自所表示的预设、焦点和疑问程度都显著不同。那么，这种语义、语法层面的不同是否会在语音层面有相对应的表现？它们和陈述句的语调分别有着怎样的关系？

在前人研究的基础上，以上述问题为切入点，本文基于"语调格局"的思路

（石锋 1999），以归一化、相对化的方法对语调是非问句、带语气词"吗"的是非问句和相应的陈述句进行定量分析，具体考察其句调域、词调域的分布位置和音高跨度以及语调起伏度的音高表现。本文以下将用语调问句和带"吗"问句分别表示语调是非问句和带语气词"吗"的是非问句。

2. 实验说明

本次实验以最典型的疑问语气词"吗"为例，通过Ⅰ、Ⅱ两组实验语料考察汉语普通话是非问句的语调起伏度，并和Ⅲ组陈述句的语调表现进行分析对比。实验句是在沈炯（1985）的基础上适当修改而成的：

Ⅰ 语调问句：
　　a 张中斌星期天修收音机？
　　b 吴国华重阳节回阳澄湖？
　　c 李小宝五点整写讲演稿？
　　d 赵树庆毕业后到教育部？
　　e 李金宝五时整交讲话稿？
　　f 李小刚五点半写颁奖词？

Ⅱ 带"吗"问句：
　　a 张中斌星期天修收音机吗？
　　b 吴国华重阳节回阳澄湖吗？
　　c 李小宝五点整写讲演稿吗？
　　d 赵树庆毕业后到教育部吗？
　　e 李金宝五时整交讲话稿吗？
　　f 李小刚五点半写颁奖词吗？

Ⅲ 陈述句：
　　a 张中斌星期天修收音机。
　　b 吴国华重阳节回阳澄湖。
　　c 李小宝五点整写讲演稿。
　　d 赵树庆毕业后到教育部。
　　e 李金宝五时整交讲话稿。
　　f 李小刚五点半写颁奖词。

发音人共有 8 位（4 男 4 女），他们都是南开大学的学生，平均年龄 20 岁，在北京出生、长大，父母均为北京人。行文中，M 代表男性发音人，F 代表女性发音人，左下角标注"Ⅰ"的图代表语调问句，标注"Ⅱ"的代表带"吗"问句，相应地，标注"Ⅲ"的代表陈述句。

录音工作在南开大学语音实验室完成。本次实验把不同的实验语句打乱顺序后以幻灯片的方式呈现，发音人看到幻灯片上的句子后以自然状态、平稳语速发音，不出现语义强调和感情色彩。采用录音软件 Cool Edit 进行录音，采样率 11025Hz，16 位，单声道。每位发音人每个句子说 3 遍，句与句间隔 4s，共得到 6 * 3 * 8 * 3＝432 个样品句。

使用南开大学"桌上语音工作室"（Mini Speech Lab）对样品句进行声学实验，通过修改基频程序去掉弯头降尾，依次测算出每个音节 9 个点的音高数据（半音值[1]）。为了过滤掉不同发音人的个性差异，使实验结果具有可比性，本文又在半音（St）的基础上转化得到百分比值，具体的计算方法参见石锋等（2009）。全部计算使用 Excel 程序完成，并做出统计图表。

3. 句调域的分析对比

首先，将每位发音人同一个句子的 3 次发音样品的实验数据进行平均；然后，求得同一位发音人所发 6 个句子的最高和最低半音值，就得到了半音标度的语句调域数据（见表 1），语句的时长采用归一的方法。

表 1　是非问句与陈述句语句调域对比（St）

	语调问句（Ⅰ）	带"吗"问句（Ⅱ）
M1	11.4（8.9—20.3）	13.1（8.1—21.2）
M2	10.8（11.0—21.8）	11.3（10.7—22.0）
M3	15.5（11.8—27.3）	15.4（11.2—26.6）
M4	11.6（7.5—19.1）	11.7（7.3—19.0）
男平均	12.3（9.8—22.1）	12.9（9.3—22.2）
F1	10.6（18.5—29.1）	9.4（18.2—27.6）
F2	10.8（16.3—27.1）	13.3（14.5—27.8）

---

1 赫兹到半音转换的计算公式为：St＝12 * lgf/fr/lg2（其中"f"表示需要转换的赫兹数值，"fr"表示参考频率，男发音人设为 55Hz，女发音人设为 64Hz）。

续表

	语调问句（I）	带"吗"问句（II）
F3	7.9 (19.5—27.4)	10.5 (17.6—28.1)
F4	13.5 (16.4—29.9)	14.8 (16.2—31.0)
女平均	10.7 (17.7—28.4)	12.0 (16.6—28.6)
总体	11.5 (13.8—25.3)	12.4 (13.0—25.4)

		语调问句	带"吗"问句	陈述句
男	调域跨度	12.3	12.9	11.7
	分布位置	9.8—22.1	9.3—22.2	7.8—19.5
女	调域跨度	10.7	12.0	11.0
	分布位置	17.7—28.4	16.6—28.6	15.7—26.7
总	调域跨度	11.5	12.4	11.3
	分布位置	13.8—25.3	13.0—25.4	11.8—23.1

表1的总体数据显示，是非问句的语句调域跨度大于陈述句，分别是0.2和1.1个半音；语调问句和带"吗"问句句调域的上线和下线都高于陈述句，下线高出1.2—2个半音，上线高出2.2—2.3个半音，上线提高的幅度大于下线。说明和陈述语调相比，普通话疑问语调的音高整体提高并扩展。

两种是非问句内部的语调表现也不同：语调问句句调域的音高跨度分别为：男性12.3St，女性10.7St，总体11.5St；带"吗"问句句调域的音高跨度分别为：男性12.9St，女性12.0St，总体12.4St。语调问句的域宽相对较窄。

调域上线跟语义的加强有关（沈炯1985）。本研究中，M1、M2两位男性发音人和F2、F3、F4三位女性发音人带"吗"问句句调域的上线比语调问句高，语调和语气词"吗"的共同作用加强了疑问的语气和语义，通常带有某种程度的质疑；其余发音人带"吗"问句句调域的上线比语调问句低，这时候语气词"吗"分

担了一部分疑问信息，因此语调就不需要升得那么高了（江海燕2005），多用于求得对方的证实。可见，疑问语调和语气词"吗"在疑问语气的表达上是叠加与互补的关系。

4. 词调域的分析对比

为考察两种疑问句内部各词调域的表现并和陈述句做进一步的分析对比，本文将每位发音人这三组语句的所有半音值数据放在一起，选择其中的最高点、最低点分别作为调域的两极，即100%和0%，计算它们的百分比值。百分比值的计算是一种相对化的归一方法，可以过滤掉发音高低和调域宽窄方面的个体差异，使实验结果具有可比性。

每个实验句中，第1—3字音为句首语音词，第4—6字音为句中语音词，第7—10字音为句末语音词。II组实验句多了一个语气词"吗"，但其他音节和I组、III组完全相同，仍然可以进行比较。我们将三组语句的百分比数据分别画在3张图中，就得到了相对化的词调域图（见图1）。

M：

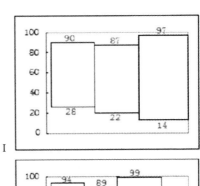

I

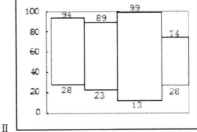

II

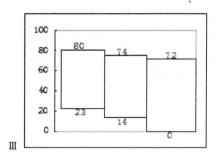

Ⅲ

F:

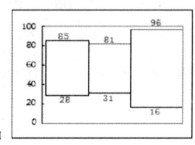

Ⅰ

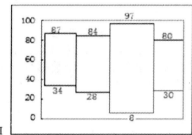

Ⅱ

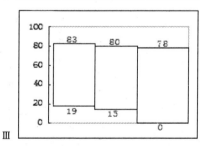

Ⅲ

总:

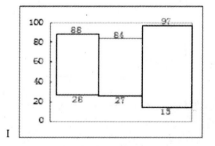

Ⅰ

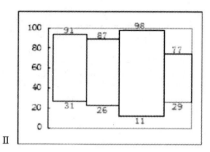

Ⅱ

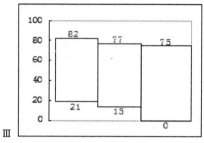

Ⅲ

图 1　百分比标度的词调域图

注：M—男性平均值，F—女性平均值，总—总体平均值；Ⅰ—语调问句，Ⅱ—带"吗"问句，Ⅲ—陈述句。

以百分比值为单位，本文分别计算了 4 位男性发音人和 4 位女性发音人每个词调域的上线、下线以及音高跨度的平均值，具体数据见表 2。

表 2　词调域平均音高跨度（%）

		句首词	句中词	句末词	"吗"
M	语调问句	62 28—90	65 22—87	83 14—97	
	带"吗"问句	66 28—94	66 23—89	86 13—99	46 28—74
	陈述句	57 23—80	60 14—74	72 0—72	
F	语调问句	57 28—85	50 31—81	80 16—96	
	带"吗"问句	53 34—87	56 28—84	89 8—97	50 30—80
	陈述句	64 19—83	65 15—80	78 0—78	

续表

		句首词	句中词	句末词	"吗"
总	语调问句	60 28—88	57 27—84	82 15—97	
	带"吗"问句	60 31—91	61 26—87	87 11—98	48 29—77
	陈述句	61 21—82	62 15—77	75 0—75	

首先来看两种是非问句和陈述句之间不同的韵律表现：①句首和句中词调域的平均音高跨度是陈述句大于语调问句和带"吗"问句，句首：61%（陈述）、60%（语调）、60%（"吗"），句中：62%（陈述）、57%（语调）、61%（"吗"）；句末词调域的平均音高跨度却是语调问句和带"吗"问句大于陈述句，差值分别是 7% 和 12%。普通话是非问句句末词调域大幅扩展，覆盖了全句调域。（王萍、石锋 2010）②从各词调域的上/下线分布位置来看，疑问语调的音高在句首处就高于陈述语调，句末处差值达到最大值，上线高出 22%—23%，下线高出 11%—15%，上线提高的幅度大于下线。

再看两种是非问句之间不同的韵律表现：①带"吗"问句句首词调域的上线为 91%，下线为 31%，和语调问句相比，上/下线都上升了 3%；句末词调域的上线为 98%，比语调问句高 1%。语调和"吗"的共同作用使其疑问语气加强。②带"吗"问句句首词调域的音高跨度和语调问句相同，句中和句末词调域的音高跨度都要大于语调问句，差值分别是 4% 和 5%。可见，在表达疑问语气信息时，两种是非问句句末词调域的差别较句首和句中词调域明显，且下线的差别（15%—11%）大于上线的差别（98%—97%）。

5. 语调起伏度的分析对比

起伏度是进行语调量化分析的重要指标。语句音高的起伏度是以词调域的百分比数据为依据进行计算的。它可以将不同年龄和性别的发音人、不同语气和口气类型的语句放置在同一空间中对照比较，在可比性的基础上进一步具有可统计性，使语调研究进入量化分析过程（石锋等，2009）。计算方法就是前一词调域的百分比数值减去后一词调域的百分比数值所得的差值，正值为降，负值为升。如，

句中词调域的起伏度（上线/下线）＝
句首词调域的上线/下线—
句中词调域的上线/下线

其他位置词调域的起伏度计算以此类推。语调问句、带"吗"问句和陈述句的语调起伏度表现见图 2。

M：

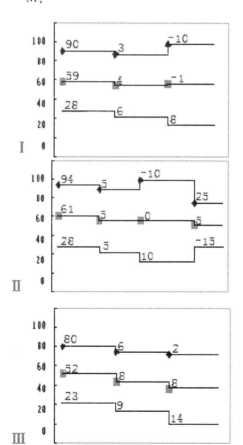

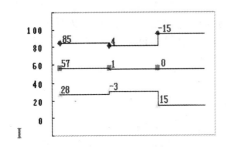

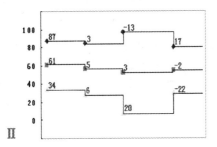

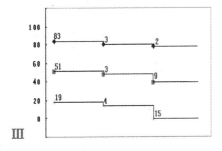

总：

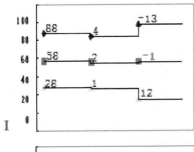

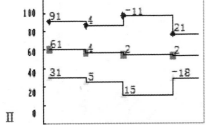

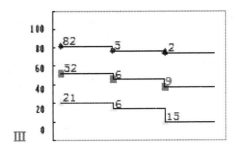

图 2 语调起伏度对比图

注：M—男性平均值，F—女性平均值，总—总体平均值；Ⅰ—语调问句，Ⅱ—带"吗"问句，Ⅲ—陈述句。

图 2 的总体数据表明，普通话是非问句与陈述句的语调结构不同。前者全句调域提升；句首词调域到句中词调域的起伏度区间为 1％—5％，语调下降；句中词调域到句末词调域的起伏度上线为负值（分别是—13 和—11），下线为正值（分别是 12 和 15），句末词调域扩展。后者音高下倾，句首词调域到句中词调域到句末词调域，语调上线和下线都在下降，上线共下降 7％，下线共下降 21％。边界调起到区分疑问语气和陈述语气的重要作用（林茂灿 2004）。

同时，语调问句和带"吗"问句的音高表现也不同。从句首到句中词调域的起伏度数据来看，带"吗"问句的下降幅度（上线 4、中线 4、下线 5）大于语调问句（上线 4、中线 2、下线 1）；从句中到句末词调域的起伏度数据来看，语调问句上线上升的幅度比带"吗"问句大 2％，带"吗"问句下线下降的幅度比语调问句大 3％。前者注重上线的提升，后者注重下线的下降。

中线起伏是上线起伏和下线起伏的综合表现。图 2 调域中线的起伏度显示，普通话语调问句句末音高上扬（上扬幅度依疑问程度的不同而定），带"吗"问句受疑问语气词"吗"的影响，八位发音人整体表现出句末音高下降。

6. 结语

通过对语调是非问句和带"吗"是非问句的句调域、词调域的音高跨度和语调起伏度等方面的表现进行细致考察，并与陈述句语调进行系统地分析和比较，本文可得到如下结论：

（1）和陈述句相比，普通话是非问句语调的音高整体提高，句末词调域大幅扩展。支持王萍、石锋（2010）的实验结果。

（2）从八位发音人两种问句句调域的上线分布位置看，疑问语调和语气词"吗"在疑问语气的表达上是叠加与互补的关系，即二者可以共同起作用，增强疑问语气和语义，表现为带"吗"问句音高上线高于语调问句，这时候问话通常伴随着某种程度的质疑；二者也可以分担疑问信息，构成互补，表现为带"吗"问句音高上线低于语调问句，这时候问话的目的多是求得对方的证实。

（3）语调问句和带"吗"问句句首和句中词调域的平均音高跨度小于陈述句（差值较小），句末词调域的平均音高跨度却大于陈述句，这是疑问语气表达的需要。两种问句句末词调域的差别较句首和句中词调域明显，且下线的差别（15%—11%）大于上线的差别（98%—97%）。

（4）音高起伏度数据显示：普通话陈述句的音高下倾；语调问句和带"吗"问句句首词调域到句中词调域的语调下降，句中词调域到句末词调域的上线上升、下线下降，其中语调问句上线上升的幅度较大，疑问语调是表达疑问语气的唯一标记，而带"吗"问句下线下降的幅度较大。调域中线的起伏度表明，八位发音人所发的普通话语调问句句末音高上扬，带"吗"问句句末音高下降。

（5）语调问句和带"吗"问句语义、语法层面的不同会在韵律层面有相对应的量化表现。

7. 致谢

本文研究得到了国家社会科学基金重点项目（批准号：12AYY004）"汉语语气语调实验研究"的资助支持。

参考文献

曹剑芬：《汉语声调与语调的关系》，《中国语文》2002 年第 3 期。

陈茸、石媛媛：《普通话疑问句语调的声学实验分析》，《牡丹江教育学院学报》2009 年第 4 期。

高美淑：《汉语祈使句语调的实验研究》，北京大学博士研究生学位论文，1999 年。

蒋丹宁、蔡莲红：《汉语疑问语气的声学特征研究》，载《第六届全国现代语音学学术会议论文集》，2003 年。

江海燕：《疑问语气意义的两种表达途径》，《南开语言学刊》2005 年第 1 期。

林茂灿：《汉语语调与声调》，《语言文字应用》2004 年第 3 期。

刘月华：《语调是非问句》，《语言教学与研究》1988 年第 2 期。

阮吕娜：《汉语疑问句语调研究》，北京语言大学硕士研究生学位论文，2004 年。

沈炯：《北京语音实验录》，北京大学出版社 1985 年版。

石锋：《汉语语调格局在不同语速中的表现》，载《语音格局——语音学与音系学的交汇点》，商务印书馆 2008 年版。

石锋、王萍、梁磊：《汉语普通话陈述句语调的起伏度》，《南开语言学刊》2009 年第 2 期。

王萍、石锋：《汉语普通话疑问句语调的起伏度》，《南开语言学刊》2010 年第 2 期。

王韫佳：《试论普通话疑问语气的声学关联物》，《北大中文学刊》2010 年，第 586—602 页。

袁毓林：《正反问句及相关的类型学参项》，《中国语文》1993 年第 2 期。

阎锦婷　女，北京语言大学博士研究生在读，主要研究领域为实验语言学。
E-maill：nkruguoyunzhidao@sina.cn

王　萍　女，南开大学文学院副教授，文学博士。主要研究领域为实验语言学。
E-maill：lrains@126.com

石　锋　男，南开大学、北京语言大学教授，文学博士。主要研究领域为实验语言学。
E-maill：shifeng@nankai.edu.cn

进贤七里赣语有多少个声调？

——汉语方言极限声调清单声学实验分析之二

冉启斌　顾　倩　余慧敏

摘　要　按《汉语方言地图集》江西进贤七里乡赣语声调达 13 个之多；但在其他报道中与七里仅 10 余公里之隔的县城却仅有 6—7 个声调，两地差异何以如此巨大？本文使用"极限类别"声调例字设计法，通过声学分析看到两地声调系统仍然具有内在一致性，分歧的原因主要在于"送气分调"程度的不同。七里和县城的"送气分调"现象总体是复杂且处于变化之中的，七里"送气分调"效应在弱化中仍倾向于存在；而县城"送气分调"效应弱化的程度更高，已更倾向于不存在。论文分析认为，七里赣语仍然可能存在 12—14 个声调，从而是"汉语方言极限声调清单"的一员。

关键词　进贤，赣语，极限声调清单，声学实验

How Many Tones in Jinxian（Qili）Gan？the Acoustic Analysis of Extreme Tone Inventories across Chinese Dialects

RAN Qibin,GU Qian,YU Huimin

Abstract Jinxian(Qili) Gan is labeled as one of the two 13—tone sites in *Linguistic Atlas of Chinese Dialects*,whereas only 6—7 tones are reported in Jianxian(Minhe,the county town) Gan in literature. Why do the two adjacent locations(only 10 km apart) differ so greatly? Using sample words of *Extreme Category for Chinese tones*,our acoustical analysis shows the intrinsic similarity among the two Gans,and the divergence is derived from different degrees of aspiration tones. The division of aspiration tone in Qili and Minhe is highly complex and variable,and the tonology can be generally and roughly described as that although aspiration tones are in a weakening tendency in both Gans,they still exist in Qili in a large extent,while they have almost disappeared in Minhe. Therefore,as a dialect with 12—14 tones,Qili Gan is eligible to be an Extreme Tone Inventory across Chinese Dialects.

Key words Jinxian,Gan,Extreme tone inventory,Acoustical analysis

1. 引言

进贤县现为江西省省会南昌市下辖县，西北距南昌市区 60 公里（见进贤政府网 www. jinxian. gov. cn）。进贤县七里乡位于县境中部，在县城以北 11 公里处，乡政府驻七里街。该乡总面积 64 平方公里，人口 3.2 万（江西省进贤县县志编纂委员会 1989：52，进贤政府网）。

进贤全境为赣语区，其方言所属的具体分片在不同文献中互有参差。按颜森

（1986：22），李荣、熊正辉、张振兴主编（1987：B11），谢留文（2006：267；2008：118）等，进贤方言属于赣语抚广片；按陈昌仪（1991：33）为赣语抚州片；按刘纶鑫主编（1999：25）为临川片；按孙宜志等（2001：114—115）为赣语南区崇仁片；按孙宜志（2007）则又属于南区临川片。

进贤（县城所在地民和镇）方言的声调状况各方报道也存在差异。《进贤县志》（页 527，页 529）列为 6 个声调；颜森（1986：37）、陈昌仪（1991：35）、李梦莹（2012：12）列为 7 个声调。刘纶鑫主

编（1999）则前后抵牾，在介绍各片特点时为 6 个声调（页 26）；而在开列各点声韵调时又为 7 个声调（页 62）。

然而，与这些差异比较起来，令人吃惊的是，对该县七里乡赣语的声调数目《汉语方言地图集》（曹志耘主编 2008）却显示为 13 个之多！这是截至目前报道汉语方言声调数目最多的仅有两个方言点之一。[1] 以往研究看到赣语声调数目变动范围很大，3—10 个不等（陈昌仪 1991：41，15，18；李如龙、张双庆主编 1992：194；辛世彪 1999：17；刘纶鑫 2000：100），但还没有见到赣语有 13 个声调的报道。七里乡与县城仅 10 余公里之遥，而声调数目却有巨大的差异。另外，李梦莹（2012）采取方言地理学方法考察进贤全县方言，共选择了"10 个较典型的方言点"，其中并没有七里乡。显然在作者看来七里并不具有足够突出的特色，因此也就谈不上选点。

进贤七里赣语到底有多少个声调？为何 13 个声调的报道与周边地区声调数目如此悬殊？七里赣语的具体情况究竟是怎样的？我们正在进行"汉语方言极限声调清单"（Extreme Tone Inventories across Chinese Dialects）的调查和研究，如果 13 个声调得到证实则这一声调系统显然可以成为"极大声调清单"（Largest Tone Inventories）之一。在这样的背景下，我们于 2013 年 8 月专门赴进贤七里进行了调查录音。本文将报道我们对七里赣语声调的声学实验分析结果，希望对七里赣语声调提供更客观的数据与事实，并在此基础上对有关问题进行讨论。

2. 声调声学分析例字的设计

通过声学实验考察汉语声调有不同的方法。通常的例字设计法存在一些问题，本文采用"极限类别"法设计声调例字；使用听感与声学相结合的方法确定方言的

声调数目。现将例字设计的基本情况简要说明如下。

汉语方言声调类别的形成通常与中古音韵具有密切的关系。一般地说，现在方言的调类是在中古平、上、去、入四个调类的基础上，受到各种声母、韵母因素的影响形成的。影响声调形成的因素通常可能有声母清浊的不同、送气与否的不同，以及清浊当中全浊与次浊的区别等。影响声调形成的韵母方面的因素有元音的长短、鼻音韵尾的有无等。汉语方言中还存在前塞尾/后塞尾分调、高元音/低元音分调、单元音/复元音分调等复杂现象（曹志耘、王莉宁，2009）。

从理论上说可以设计一份适用于所有汉语方言声调声学分析的通用例字；这份例字应该包含所有可能影响声调分化的因素。不过由于汉语方言分调的因素极其复杂，要制作适用于所有汉语方言的通用例字事实上存在较大的困难。可行且有效的办法是根据不同方言的具体情况设计针对各具体方言的例字。

影响赣语声调形成的因素大致有声母的清浊，送气与否，韵类的不同等（刘纶鑫 2000：100—101）；元音的高低前后，韵尾的分合等也可能影响赣语声调的形成（辛世彪 1999：17。以上亦参陈昌仪 1991：16）。基于这些情况，我们就七里赣语声调按照平、上、去、入四大类，再各按声母分全清、次清、次浊、全浊四小类设计了 4 * 4 ＝ 16 类例字。各小类的例字中再包含不同的韵母状况，如鼻音韵尾的有无、元音的不同类型等。16 类例字每类各为 30 个汉字，以便后期有关统计分析的需要（统计分析中 30 个以上的样本通常可以看作大样本）。虽然没有报道显示赣语的阴入像某些粤方言那样按元音长短进一步分化为上、下类，但出于研究极限声调清单的考虑，我们还是在全清入声字里另外增加了 30 个例字，以便存在上、下阴入的分化时有足够使用的例字。这样设计出的进贤七里赣语声调声学实验例字共 16 类 510 字（限于篇幅字表从略）。

按照方言的实际声调情况，各类别可能会有少数例外字，这些例外字会按实际

---

1 另一个具有 13 个声调的汉语方言点是广西壮族自治区博白县水鸣镇粤语，我们已进行声学实验分析予以证实（冉启斌、张玉岩 2014）。

读音划分到相应的类别中去。

3. 实验情况

3.1 语料录音

本文七里发音人共 4 名（A、B、C、D），3 男 1 女。年龄 41—75 岁，总体属于老派。所有发音人无口、咽、喉疾病，口音纯正。值得指出的是，我们专门找到了《汉语方言地图集》中进贤七里的发音人傅国治先生（即本文发音人 A）进行发音。这使得本文的研究可以在相同的基础上与以往的研究进行比较（限于篇幅发音人具体情况从略）。

声调例字均为单念形式。将发音字表制作成 PPT 文件（每个例字一页 PPT。可以避免页码效应），发音人在电脑上观看 PPT 发音。使用语音分析软件 Praat5.3 录音，采样率 22050Hz，存储字节 16 位。录音在安静的居室进行。发音人均给予适当发音费。录音时间为 2013 年 8 月 20 日。

3.2 标注与数据处理

标注时音高曲线起点与终点的确定，基本按如下原则进行：起点从元音的第二个脉冲开始；终点结合波形图振幅的显著下降和宽带语图中第二共振峰的清晰程度来确定（朱晓农 2010；281—281）。具体标注示意请见图 1。

在 Praat 中按例字的 16 个类别并结合例字的实际音高表现进行标注。使用 Praat 脚本提取音高、音长等数据。音高数据每个单字等比例提取 30 个点，后期音高曲线作图不再进行平滑处理。由于每类声调的发音例字约 30 个（本文设计每类声调初始例字 30 个，根据实际读音每个类别可能有少量例外字。全清入事实上有约 60 个例字，参见下文），最终的音高曲线是由约 30 个例字的音高平均值得到的。为匹配听感，对各发音人的音高数据以各发音人平均音高为参照音高转换为半音值（$St = \log_2 (x/f_{ref}) * 12$）。使用 SPSS18.0 进行音高曲线作图；使用"WPS 表格"进行音长作图。

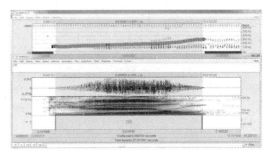

图 1 音高曲线标注示意（例字为发音人 A 的次清字"挑"）

4. 实验结果

4.1 音高曲线总体说明

上文已说明为观察七里赣语的阴入是否存在因长短元音而发生的上、下阴入分化，因此在全清入里增加了 30 个例字，不过在实际考察中却并没有发现这种分别，无法将全清入的 60 例字进一步分类。因此，后文音高曲线、音长数据中的全清入只能给出一类。

综观各发音人的音高曲线图及音长数据（见下文），可以看到 4 名发音人具有极高的内在一致性。各发音人 16 类例字的调型及其格局在整体上几乎相同；各类例字音长数据的对比也非常相似。

从 4 名发音人的音高曲线也能看到 16 类例字在声调分合问题上的一些共同表现。有些音高曲线之间差异明显，应当分立；而有些音高曲线之间既有一定程度的相似，也有一定程度的区别，这在处理时就会存在问题。存在问题的音高曲线集中体现在三个方面：（1）上声的 5、6、7 三调（全清上、次清上、次浊上），均为先升后降的曲折调，是否可以全部合并？（2）上声 8 和去声的 11、12 三调（全浊上、次浊去、全浊去），均接近平调但前部略有上升，怎样分合恰当？（3）入声的 13、14、15、16 调（全清入、次清入、次浊入、全浊入），各调高低及调型存在不同程度的差异，分为几类合适？

总之，4 名发音人的音高曲线及音长数据存在极高的内在相似性，体现了七里赣语一致的本质特征。当然，各发音人也有某些个体的不同，这将是下文分析说明的重点。

4.2 发音人 A

发音人 A 的 16 类例字的音高曲线及音长数据如图 2 所示（平均音高 234 Hz；调域 21.36 个半音（−14，7.36））[1]。

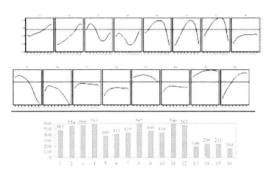

图 2　发音人 A 的 16 类音高曲线图（上）与音长直方图（下）

从音高曲线上看，第 1、2 两类例字（全清平、次清平）均为明显的升调，不过次清声母曲线的起点比全清声母低得多。次清声母即送气声母；在语音学上送气往往会使其后元音的音高降低，这是在很多民族语言和汉语方言中都观察到的语音现象，它引起的后果即"送气分调"（何大安 1989；石锋 1998）。应当说明的是，在实际的发音中七里赣语的次清声母均带有不同程度的浊送气色彩，其与该方言中全浊声母的发音是相同的。这种现象即赣方言显著的共同特征之一——"次清声母与全浊声母合流"（颜森 1986：21；陈昌仪 1991：10，12；李如龙、张双庆主编 1992：193；孙宜志等 2001：122）。发音人 A 合流的这类例字全浊送气色彩很明显。1、2 两类例字在音高曲线上差异明显，在听感上其差别也非常显著。总之 1 和 2 这两类例字的声调应该分立开来。我们将第 1 类例字形成的声调称为全清平，调值记为 24；将第 2 类例字形成的声调称

为次清平，调值记为 15。

第 3、4 两类例字（次浊平、全浊平）调型很接近，均为带有上升弯头的凹调（略呈反 S 形），然而后者的起点以及整体音高都比前者低。音高曲线开头的上升弯头是由次浊声母（鼻音、边音等）和全浊声母（浊送气）造成的，不应计入调型内（下文同此，不再专门说明）。如上文所述，全浊平的实际发音带有明显的送气色彩，这也可以认为是另一种形式的"送气分调"现象："依今声母送气与否分调"（刘纶鑫 2000：101）。必须指出的是，赣方言中"次清与全浊的合流"只限于全浊塞音和塞擦音两类，而不包括擦音（颜森 1986：21；陈昌仪 1991：10，12；刘纶鑫主编 1999：262），这就使得问题变得非常复杂。发音人 A 的古全浊平中的塞音、塞擦音固然均带有浊送气色彩，然而古全浊平的擦音事实上都已经完全清化为相应的清擦音。而这些清擦音字的声调音高正好和次浊平是一致的。这就是说，从声调的音高来看次浊平字和古全浊平中的擦音字是相同的，相对而言音高较高；而古全浊平中的塞音、塞擦音字与次浊字、擦音字不同，相对而言音高较低。从听感上看 3、4 的音高差异是明显的，可以分立开来。我们将 3、4 类例字的声调分开，第 3 类例字形成的声调称为次浊平（含全浊平擦音），调值记为 423；第 4 类例字形成的声调称为全浊平，调值记为 313。

总之，从音高上看平声这一大类事实上分为了四个声调次类，即全清平、次清平、次浊平（包括全浊平中的擦音）和全浊平（只有塞音和塞擦音）。这种四分的格局不仅平声如此，在上声、去声、入声中也不同程度地存在，下文还要讨论。

第 5、6、7 三类例字（全清上、次清上、次浊上。次浊上包括少部分全浊上擦音，下文为简洁起见不再注明）的音高曲线均为凸调，上文已经说明三者是分是合还需要斟酌。6 的起点显然比 5 低很多，这是因为次清声母实际发为浊送气音，使得声调前部的音高降低了。7 主要是次浊声母，其音高起点介于全清和次清之间。这三个凸调的最高点差别不是太大，呈渐

31

次升高的趋势。从听感上看这三调的差别主要表现在声母上,确切地说主要在于 6 的起始部分为明显的浊送气成分。7 的起点比 5 低的主要原因在于开头的鼻音、边音等成分音高较低。根据这种情况,我们将较为接近的 5 和 7 合并为一个声调,6 独立为一个声调。事实上,这样处理更符合赣方言"次浊上声随全清上声"的特点(李如龙、张双庆 1992:193;辛世彪 1999:18)。5 和 7 为全清上(含次浊上),调值记为 452;6 为次清上,调值记为 252。

第 9、10 类例字(全清去、次清去)均为降调。次清去较低的起点仍然是由声母的浊送气造成的。二者音高差别十分显著,两调应该分立。这两类例字形成的声调分别为全清去,调值 51;次清去,调值 31。

第 8、11、12 三类例字(全浊上、次浊去(包括全浊去擦音字)、全浊去(仅全浊塞音和塞擦音字))上文曾有涉及。这三调在听感上是很平的调,之所以音高曲线的开头部分有升高的趋势,原因在于开头的浊送气及次浊声母使音高降低了。8 和 12 在听感上几乎相同,11 显得高一些。我们仿照上文上声的做法,将 8 和 12 合并,11 独立出来。8 和 12 的合并符合汉语方言中常见的"全浊上归阳去"规律。11 为次浊去(含全浊去擦音),调值 33;8 和 12 为全浊去(含全浊上),调值 22。

第 13、14、15、16 类例字(全清入、次清入、次浊入、全浊入)调型各有不同,事实上这四调各自的分别不论是在音高曲线上还是听感上都非常清楚,这里简要说明如下。13 包括全清和次浊字,也包括极少数送气、全浊字;调型高而略带降。14 包括送气字,音高曲线上在开始部分似乎带有升势,但其实这是由声母的浊送气造成的。听感上该调是带有轻微降势的平调。15 主要是次浊字,也包括清化以后的全浊擦音字。该调为高升调,但显得比一般的高升调还要高。16 为全浊塞音、塞擦音字,是上升非常剧烈的高升调。根据这些情况,我们将入声的调类、调值确定如下:13 为全清入(含部分次浊入),调值 54;14 为次清入,调值 33;15 为次浊入(含全浊入擦音),调值 55↑(由于该调比一般的高升调还要高,所以用"5↑"表示最高的音高);16 为全浊入,调值 25。

按照上述分析,发音人 A 的声调为舒声 10 调,入声 4 调,总数达到 14 调之多!

4.3 发音人 B、C、D

发音人 B、C、D 的情况有一部分与 A 是相同的,这里将他们放在一起主要讨论各自的不同之处,与 A 相同的如无必要不再专门说明。

发音人 B 的音高曲线及音长数据如图 3 所示(平均音高 191Hz;调域 14.44 个半音(−8.44,6))。

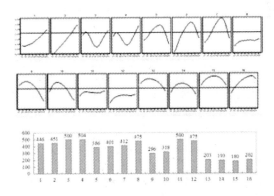

图 3 发音人 B 的 16 类音高曲线图(上)与音长直方图(下)

首先要说明的是,发音人 B 的次清字和全浊(塞、塞擦)字是带有浊送气的,但是其浊送气的色彩并不如发音人 A 那样强烈。这造成他的带浊送气的调和相对应的某些调之间的差别减小,下文涉及时会说明。第 1、2,8、11、12 的情况与 A 相同,这里不再讨论。

B 的第 3、4 类例字(次浊平、全浊平)在音高曲线上非常接近,4 的起始音高并没有大幅降低。次浊的鼻音、边音等会使音高降低(虽然不如全浊和送气那么明显);加之 B 的浊送气色彩并不强烈,这都进一步减弱了 3、4 两调之间的差异。

从听感上看，4 的起点似乎比 3 要低，但是区别并不大。总之这两调以合并为宜。3 和 4 合并为浊平（含次浊和全浊），调值 323。

第 5、6、7 类例字（全清上、次清上、次浊上（含全浊上擦音））与发音人 A 有近似之处。不过 B 的 5 和 7 之间差别更大，无论是起点、折点还是终点以及整体音高上 7 都比 5 高很多。在听感上也能感到 7 比 5 有较明显的升高。6 在折点和终点以及整体音高上处于 5 和 7 之间，但是其起点却非常低。B 的这三类声调无论合并哪两类都比较困难，因此将三类均予以独立，分别是：5 为全清上，调值 342；6 为次清上，调值 153；7 为次浊上，调值 253。

第 9、10 两类例字（全清去、次清去）差别也比较小。相比 9 而言，10 的起点略低一些，终点略高一些，折点则相差无几。在听感上这两类例字存在细微差异，不过似乎还达不到分立的程度。这应该也与该发音人浊送气不强烈引起差别的减小有关。鉴于上述情况将这两类合并为清去（含全清、次清），调值 42。

第 13、14、15、16 四类例字（全清入、次清入、次浊入、全浊入）的情况与 A 不尽相同。B 的 13、15 调型很接近，均带有降势。事实上从听感上可以感到这两调是几近一致的。从音高曲线上看，16 的起始部分似乎带有更多的升势，这主要是由于其起始部分为次浊声母的原因。14 的调型似乎与 13、15 也较接近，但在听感上该类例字显得平一些，而不是 13、15 那样带有轻微的高降趋势。14 之所以在音高曲线上带有凸的特征，是由该类例字为浊送气降低了起始部位的音高引起的。16 的调型与前三类均相差较大，应该独立。从辖字来看，13、15 主要含有全清入、次浊入，也包括少部分次清入和全浊入；14 里主要包括次清入，也有少部分次浊入；16 则以全浊入为主，也有极少数其他类别字。我们将该发音人的入声调类分为三类：全清入（含次浊入），调值 54；次清入，调值 33；全浊入，调值 35。

发音人 B 的声调为舒声 9 调，入声 3 调，共 12 调。

发音人 C 的音高曲线图与音长数据如图 4 所示（平均音高 330Hz；调域 13.6 个半音（−8.9，4.7））。

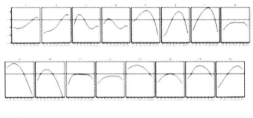

图 4 发音人 C 的 16 类音高曲线图（上）与音长直方图（下）

C 的浊送气色彩也没有 A 那样强，和 B 比较接近。C 的舒声调情况在音高曲线和听感上与发音人 A 是近似的，这里不再详细说明；但是入声却有所不同。事实上，C 的入声倒与 B 相同，即 13、15 系一类，14 和 16 各独立为一类，这四类例字在音高曲线和听感上相互之间的清晰程度比 B 还要高。

一并整理 C 的调类调值如下：全清平（24）、次清平（15）、次浊平（含全浊擦音。423）、全浊平（313）、全清上（含次浊上。452）、次清上（252）、全清去（51）、次清去（31）、次浊去（含全浊去擦音。33）、全浊去（含全浊上。22）、全清入（含次浊入。54）、次清入（33）、全浊入（35）。这样，发音人 C 的声调为舒声 10 调，入声 3 调，共 13 调。

发音人 D 的音高曲线图与音长数据如图 5 所示（平均音高 208Hz；调域 14.45 个半音（−9，5.45））。

发音人 D 的浊送气色彩总体是比较强烈的，其程度高于发音人 B 和 C。D 的全部例字在音高曲线和听感上都和 A 非常接近，这里不再赘述。整理 D 的调类调值如下：全清平（24）、次清平（15）、次浊平（含全浊擦音。423）、全浊平

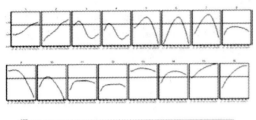

图5　发音人D的16类音高曲线图（上）与音长直方图（下）

（313），全清上（含次浊上。452）、次清上（252），全清去（51）、次清去（31）、次浊去（含全浊去擦音。33）、全浊去（含全浊上。22）、全清入（含部分次浊入。54）、次清入（33）、次浊入（含全浊入擦音。55↑）、全浊入（25）。发音人D的声调为舒声10调，入声4调，共达14调。

5. 讨论

5.1 四名发音人调类、调值的异同

上文分析看到七里4名发音人的调类调值并不完全相同，而是存在变异。为醒目起见，将4名发音人的调类调值列为对照表如下（见表1）。

表1　　　　　　　进贤七里赣语4名发音人调类、调值对照表

发音人 ＼ 例字类别	1	2	3	4	5	6	7	8	9	10	11	12	13	14	15	16
A（14调）	全清平 24	次清平 15	次浊平 423	全浊平 313	全清上 次浊上 452	次清上 252			全清去 51	次清去 31	次浊去 33	全浊去 全浊上 22	全清入 54	次清入 33	次浊入 55↑	全浊入 25
B（12调）	全清平 24	次清平 15	次浊平 全浊平 323	全清上 342	次清上 153	次浊上 253			全清去 次清去 42	次浊去 33		全浊去 全浊上 22	全清入 次清入 54	次清入 33		全浊入 35
C（13调）	全清平 24	次清平 15	次浊平 423	全浊平 313	全清上 次浊上 452	次清上 252			全清去 51	次清去 31	次浊去 33	全浊去 全浊上 22	全清入 54	次清入 33		全浊入 35
D（14调）	全清平 24	次清平 15	次浊平 423	全浊平 313	全清上 次浊上 452	次清上 252			全清去 51	次清去 31	次浊去 33	全浊去 全浊上 22	全清入 54	次清入 33	次浊入 55↑	全浊入 35

　　4名发音人的声调数目12—14个，其共同特征包括：平、上、去、入四声各自在清声母与浊声母这两大类上的区别通常是存在的；平声、上声、入声则均存在全清与次清的声调差异（为方便起见后文将称为"送气分调"）；全浊上（塞音、擦

音）也无一例外地均归入全浊去。

4名发音人的差异主要体现在4类例字声调的分合上，这4类例字是：（1）次浊平、全浊平；（2）全清上、次清上、次浊上；（3）全清去、次清去；（4）全清入、次浊入。A、C、D的次浊平与全浊平分立，只有B为合并。次浊平归全浊平是赣方言"时有发生"的现象（刘纶鑫2000：106）。如果仅从调型上看，A、C、D三人的次浊平与全浊平均为凹调，差异仅在于音高的不同，也可以说具有某种一致性。另外，B的这两类例字合并也是因为上文提到的原因：B的浊送气不够强烈，造成次浊、全浊的差异减小。

A、C、D的全清上、次清上、次浊上为二分，B则三分。A、C、D次浊上随全清上的表现在分析发音人A时已说明这是赣方言的特点。A、C、D的全清去、次清去均分立，B则合并。这也是因为B的浊送气不够强烈的原因。A、D的全清入、次浊入分立，B、C则合并。以往的研究对于次浊入的走向，认为有的随清声母，有的随浊声母（李如龙、张双庆主编1992；孙宜志等2000：123）；但有些地方大量次浊入随清声母（刘纶鑫2000：106）。不管怎样，B、C次浊声母的表现符合以往一些研究的观察。

另外，以往研究还指出阴入和阳入的音高差异问题。李如龙、张双庆主编（1992：193）指出客家方言一般为阴入低、阳入高；赣方言多数则为阴入高、阳入低；而进贤所在片区的情况有所不同。陈昌仪（1991：34）认为该片的特点为阴入低、阳入高。本文给出的4名发音人的入声调值不是两分为清浊的不同，而是至少分为3类；且入声调值均不是单一的数字，而是带有调型的。实在要进行比较，对发音人A、D而言可以看到次浊的整体音高确实最高，次清因为浊送气的影响整体音高最低。对B、C而言次浊已与全清合流，或许可以算作最高的音高；比较确定的是次清的整体音高仍然是最低的。

总体来看四名发音人之间的异同，则是A、D的调值调类完全一样；C与A、D只在入声上存在不同；B则与其他3名

发音人的差异最大。

5.2 县城（民和镇）赣语的声调状况

上文的声学分析结果看到七里赣语四名发音人的声调数目12—14个。而与此临近只有11公里之隔的县城却报道为只有6—7个声调。为什么距离如此接近声调数目差异却那样巨大？如果真是这样，七里赣语是一个单字调数目庞大的方言岛吗？然而七里本地人却和县城人能够相互交谈；也未见报道指出七里赣语是一种与县城差异很大的方言。种种不解现象增加了人的疑惑。

事实上，我们也在县城（民和镇）对两名发音人E、F进行了调查录音（录音情况和七里相同）。

发音人E的音高曲线及音长数据如图6所示（平均音高145Hz；调域13.81个半音（−8.47，5.34））。

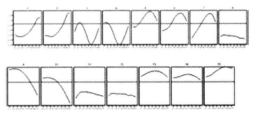

图6　发音人E的15类音高曲线图（上）与音长直方图（下）

发音人E的第1、2类音高曲线在图上看来起点比较接近，终点略高，整体差异很小。前文我们指出过七里四名发音人的浊送气存在程度的不同。县城发音人与七里相比浊送气更要弱一些，E的次清和全浊声母字只有很轻微的浊送气色彩了，听起来很不明显。这是造成1、2两类音高曲线非常接近的原因。1、2在听感上也没有实质的差异。我们将1、2合并为清平，调值24。

第3、4类音高曲线几乎没有不同，

只是 3 的音高曲线前端多出一个弯头。这个弯头是由次浊声母的边音、鼻音等形成的。从听感上看 3 和 4 是一致的。将 3、4 合并为浊平，调值 312。

第 5、6 两类同样是全清与次清的不同，二者调型相同，次清的送气声母起点似乎要略低一点。不过在听感上这种细微的差异并不显著。第 7 类音高曲线起点非常低，这同样也是由次浊声母的边音、鼻音等造成的。与图上反映的不同，在听感上 7 的起点并没有那样低，事实上它与 5、6 听不出有实质的差异。这也是因为调型段主要是由韵母段承载的原因。从图上看 5、6、7 都存在不长的降尾，不过这种降尾在听感上不太明显。将 5、6、7 合并为清上，调值 35 (4)，括号中的 4 表示听感上不明显的降尾。

第 9、10 两类为全清去和次清去例字。图上显示送气的作用是比较显著的，次清的整体音高要低很多。在听感上 10 也确实比 9 要低一些。单纯从音高上看这两类曲线似乎不应该合并，不过为便与以往研究相比较（此前进贤县城声调报道通常为舒声 5 调，入声 1 调或 2 调。参见颜森（1986：37）；《进贤县志》（1989：529）；陈昌仪（1991：35）；刘纶鑫（1999：26，62）；李梦莹（2012：12）等，将 9、10 合并，兼顾两调的音高调值记作 42。

第 8、11、12 三类例字的曲线近乎一致，只有 11（次浊）略带弯头。三者在听感上没有什么不同。三类合并为浊去（阳去），调值 22。

最后的入声例字只给出了 3 类音高曲线，这是因为发音人 E 绝大部分次浊入的声调和全清入一样，在进行数据处理时我们直接将它合并到全清入了。第 14 类音高曲线为次清入，从图上看比全清入略低。在听感上二者只有比较细微的差异。将 13、14 合并为清入，调值 4。第 16 类为全浊入，必须说明的是该发音人全浊入的大部分也已合并到全清入，因此第 16 类曲线是由少数全浊入例字和极少数次浊入例字形成的。第 16 类为浊入（阳入），调值 45。

这样，发音人 E 得到的声调数目为 7 个。

发音人 F 的音高曲线和调查数据显示见图 7（平均音高 243Hz；调域 11.14 个半音（−7.14，4））。

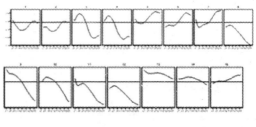

图 7 发音人 F 的 15 类音高曲线图（上）与音长直方图（下）

上文说发音人 E 的浊送气是轻微的，听起来很不明显。发音人 F 则基本上没有浊送气，只是清送气显得强烈一些而已。这从总体上造成 F 的相关调类之间差异进一步缩小。第 2 类音高曲线的起点比第 1 类略低，这种差异在听感上并不够明显。应该注意的是第 1、2 类音高曲线的前面多出了向下的弯头，这应该是该发音人的个人特点。这种下降的弯头是一种音高上升之前的伴随性的过渡特征，在听感上很难觉察到。将第 1、2 类合并为清平（阴平），调值定为 24。

第 3、4 类音高曲线的差异是微小的，需要说明的是这两类音高曲线末尾的上升弯头其幅度变得很小，事实上这一升尾在听感上几乎听不出来。这两类也合并为浊平（阳平），调值 41。

第 5、6 两类音高曲线在前段也存在下降的弯头，这和第 1、2 类曲线前段的弯头一样，是一种伴随性的过渡特征。其结尾的下降弯头却与第 3、4 类音高曲线相似，变得不够明显；在听感上也几乎听不出来。第 7 类音高曲线前面弯头的程度在图上显得尤其厉害，不过这仍然是由次浊声母导致的，听感上听不出 7 与 5、6

有实质性的区别。这三类合并为清上（阴上），调值 45。

第 9、10 类音高曲线似乎高低差异较大，在听感上这种差异却并不如图上那么显著。为便与其他研究进行比较，且兼顾这两类音高曲线的高低，将两类合并为清去（阴去），调值定为 42。

第 8、11、12 三类音高曲线呈较低降调的调型，相似度很高。显然第 11 类音高曲线的开头又出现了很厉害的弯头。这三类合并为浊去（阳去），调值 31。应该说明的是，第 10 类音高曲线与第 8、11、12 类音高曲线之间都为降调，音高差异似乎也不大。在听感上 10 要略高于 8、11 和 12。事实上从 9 到 10 到 8、11 和 12，音高确实是逐次降低的，但是为了使调类更规律整齐，所以将 9、10 合为阴去（符合次清去与全清去同调），8、11、12 合为阳去（符合全浊上归阳去，且次浊与全浊同调）。

最后的入声音高曲线与发音人 E 相似，由于次浊全部并入全清因此只剩下 3 类。第 13、14 两类调型约略接近，但第 13 类全清较高，第 14 类次清低一些。在听感上第 14 类能听出比第 13 类要低。和发音人 E 一样，第 16 类音高曲线是由少数全浊例字形成的（大多数全浊例字合并到全清里面了）。该类例字音高曲线不同于前两类，为上升的调型。我们将 F 的入声分为 3 类，阴入（全清字，也包括次浊和全浊字）调值 5；送气入（次清）调值 4；阳入（浊入）调值 45。

这样，发音人 F 得到的声调数目为 8 个。

将 E、F 两名发音人的调类、调值列出对照表如下（见表 2）。

表 2　　　　　　　　　进贤县城（民和镇）赣语 2 名发音人调类、调值对照表

发音人 ＼ 例字类别	1	2	3	4	5	6	7	8	9	10	11	12	13	14	15	16
E（7调）	全清平 次清平 24		次浊平 全浊平 312		全清上 次清上 次浊上 35（4）				全清去 次浊去 42		全浊去 次浊去 全浊上 22		全清入 次清入 次浊入 4			全浊入 45
F（8调）	全清平 次清平 24		次浊平 全浊平 41		全清上 次清上 次浊上 45				全清去 次浊去 42		全浊去 次浊去 全浊上 31		全清入 次浊入 54	次清入 43		全浊入 45

表 2 显示，E 和 F 在舒声的调类上是完全一致的，不同之处在于入声调中 F 多出一个次清入，从而使整个声调数目达到 8 个。在调值上两名发音人之间的差异要多一些：发音人 E 在浊平、清上所具有的调尾弯头，在发音人 F 的发音中均在很大程度上减弱（在音高曲线上还略有保留，在听感上则几乎不存在了。参上文），在调值中我们都没有标示出来。E 的浊去调型以平为主，平中带降；而 F 的则已基本变为降调。E 的清入更平一些，F 的清入则降的趋势更明显。

5.3 七里赣语为什么可能被报告为 7 个声调？

当我们将县城 2 名发音人的音高曲线及音长数据与七里的 4 名发音人进行对比时，结果令人大吃一惊。县城各类例字的音高曲线和音长数据与七里的模式几乎是完全一致的：第 1、2 类例字的音高曲线均为升调；第 3、4 类例字的音高曲线均为呈反 S 形的折调；第 5、6、7 类例字均大致为较高的凸调；第 9、10 类例字均为

带有弯头的降调;等等。在音长数据上,1—4,5—8,9—12各自内部呈升高的趋势;各组的长短比例也比较接近。

然而,两组音高、音长模式近似的数据,在确定声调数目的结果时却一组达到12—14个单字调;一组只有7—8个单字调。为什么会出现如此大的差异呢?原来,虽然县城与七里各类例字的音高、音长模式相似,但是各音高曲线之间的差别程度却有所不同。具体地说,例如第1、2类例字(全清平、次清平)音高曲线之间的高低差别,在七里是比较大的,因而分立为两调,而在县城全清平、次清平音高曲线的高低差别却比较小,因而合为了一调;第3、4类例字(次浊平、全浊平)的高低差别,在七里发音人A是比较大的,因而分立为两调,而在县城次浊平、全浊平的高低差别却比较小,合为了一调……总起来说,这实际上反映了送气分调、次浊分调造成的音高高低差别在七里是比较分明的,而在县城则并不够显著。

音高曲线及音长模式的内在相似表明了县城和七里在方言本质上的一致性,而不是仅仅从声调数目上表现出来的那样差异巨大,判若云泥。它们各自的清平、浊平、清上、浊上、清去、浊去、清入、浊入这些例字的声学表现具有密切的对应关系,地理上紧邻和语言表现上的接近更可能是并行存在的。七里与县城声调声学表现模式的近似也充分显示了县城和七里的说话人能够互相通话的客观基础。

那么,七里赣语的声调数目以往被认为和县城等周边地区是一致的也就可以理解了。探究其中的原因,主要有如下两个。

第一,从相似的角度来处理,将凡是调型相似的调型都进行合并,七里的四名发音人也可以成为6—7个声调。例如,发音人A,1、2合并为清平,3、4合并为浊平,5、6、7合并为清上,9、10合并为清去,8、11、12合并为浊去,13、14、15合并为清入,16独立为浊入,这样声调总数正好是7个。如果说发音人A的4个入声分别还比较明显,不适宜于合并为两类的话,那么发音人B、C、D四

类入声例字之间的差别就更小了,合并为清入和浊入两类是没有问题的。假如将清入和浊入也予以合并,就可以得到6个声调了。

第二,从音位处理的方式上看,某方面特征的差异如果是由另一方面特征引起的,可以只处理为另一方面的特征。例如,发音人A第1类例字和第2类例字音高曲线存在高低的差异,但这种差异其实是由声母的差异引起的,因此可以将这种差别放在声母里去讨论,而在声调系统里不予考虑。事实上,不管是七里还是县城,前述音高曲线高低之间的差别确实更多地体现的是声母的特征,例如浊送气声母的音高是很低的,它浸入其后的韵母,使得声调的起始音高大幅降低,次浊声母也有程度不一的降低音高的作用(参前文对各类音高曲线的描述)。

总之,我们认为上述事实是以往将七里赣语处理为只有6—7个单字调的主要原因。

由于七里与县城各自以及相互之间调类数目的差异主要是由次清、全浊引起的调类分化程度不同,而次清、全浊在七里或县城表现为"浊送气"现象,因此其中种种差异的根源也可以一言以蔽之为"送气分调"程度的差异。

5.4 进贤县城与七里声调的变异与变化

从前文对七里及县城各发音人声调声学表现的描述已能看到其中的一个重要特点,那就是这两地声调表现所存在的大量而突出的变异(variations)。这种变异不仅典型地表现于人际之间(inter-speaker)的差异,也表现于相同发音人内部(intra-speaker)的差异。

先看人际之间的差异。在七里,从声调数目上说4名发音人就存在12、13、14调三种情况。在各调类的分合上,次浊平与全浊平的分合,全清上、次清上、次浊上的分合,全清去与次清去的分合,全浊入与次浊入以及次清入的分合等,都存在不同程度的不同。除此之外还存在调值的差异。在县城,从声调数目上看,2名发音人存在两种情况。在各调类的分合上全

清入与次清入的分合存在不同。调值上的差异更多一些，7—8 个声调中有一半左右（浊平、清上、浊去、清入等 4 个）不相一致。

再看发音人内部的差异。发音人 A 的全清上与次浊上在音高曲线上存在不同，因为它们比较接近，我们才合并为一个声调。发音人 B 在平、去、入三类声调上不存在送气分调现象（虽然声学表现也有不同程度的差异），但在上声却存在送气分调（C、D 也存在内部差异，限于篇幅从略）。发音人 E 在平、上、去、入四类声调上我们处理为不存在送气分调，不过去声的全清与次清确有较大程度的区别。发音人 F 也有类似问题，其全清平、次清平也有一些差异。

总之，进贤七里和县城赣语声调的变异是突出和严重的，各种表现也是参差交错的。

大量的变异应该反映了七里及县城的语言状况正处在变化之中。此前的研究已经表明进贤方言在声、韵、调多方面均存在显著的不稳定状态，正处于变化过程之中（李梦莹 2012）。按本文对声调有关情况的研究，可以看到浊送气在不同发音人之间强弱程度的不同。由于进贤的次清声母与全浊声母合流，浊送气事实上影响到声调调类的形成，因此浊送气与"送气分调"成为一种互为表里的现象。不管是在七里还是县城，"送气分调"的作用本身也并不稳定。七里的送气分调总体来说较强，但是也处于弱化的过程之中；且发音人之间不一致。例如，由于浊送气在七里的 B、C 发音人身上有减弱倾向，因此送气分调也有弱化的表现；另外 B 在浊平、清去两类声调上的送气分调效应更显得较弱。县城的"送气分调"现象也不能说完全不存在，而是还有一些残存。例如，发音人 E、F 的全清去和次清去之间的差异还是明显的；另外 F 的全清入与次清入也存在差别。不管怎样，进贤七里和县城的"送气分调"现象是复杂和变动的，七里的"送气分调"效应在弱化中仍倾向于存在；而县城弱化的程度更高，已更倾向于不存在。

通过上文分析可以看到七里赣语的声调状况是处在变化过程之中的。老派发音人有 14 个声调的表现，新派的声调分化状态在减少，有 13、12 个等声调的表现。按照这么大的声调数目，七里赣语将属于汉语方言极大声调清单之一；而 14 个声调也是目前汉语方言中发现的最大声调清单。当然，必须对这个结果进行说明的是，七里声调状况是很不稳定的，存在突出的人际及发音人内部变异。我们曾经通过声学分析考察过另一个汉语方言极大声调清单——广西博白水鸣镇粤语的 13 个声调（舒声 8 调，入声 5 调。详参冉启斌、张玉岩 2014）。分析看到博白水鸣也存在一些变异，但和七里赣语相比要相对整齐稳定得多。

6. 结语

本文通过声学实验来考察一个与周边声调数目报道相差巨大的汉语方言点——进贤七里赣语的声调状况。实验分析使我们更清楚地了解到该方言的具体情况，详细地知道七里与县城的差异究竟存在于何处，以及声调数目之所以出现分歧的原因等。研究看到，七里与县城的声调状况其实具有内在的一致性；其差别主要在于两地"送气分调"程度的不同；而七里内部的声调状况也存在突出的变异现象。本文也属于"汉语方言极大声调清单"的研究内容之一，虽然七里赣语的声调状态不够整齐稳定，但以其具有 12—14 个声调的表现可以列为极限声调清单的一员；其复杂多样的音高声学特点可以为"汉语方言最大声调清单"增添新的材料和事实。撇开整齐与稳定的因素，七里赣语的 14 个声调也是目前为止观察到的汉语方言最大声调清单。

7. 致谢

本文是国家社科基金项目"类型学视野下的汉语方言极端音系调查与研究（12CYY059）"的成果之一。《中国语音学报》编辑部与匿名审稿专家提出了细致精审的审稿意见，在此深表谢意。文中错谬仍由作者负责。

参考文献

曹志耘主编：《汉语方言地图集》，商务印书馆 2008 年版。

曹志耘、王莉宁：《汉语方言中的韵母分调现象》，《语言科学》2009 年第 5 期。

陈昌仪：《赣方言概要》，江西教育出版社 1991 年版。

何大安：《送气分调及相关问题》，《中央研究院历史语言研究所集刊》1989 年第 60 本第 4 分。

江西省进贤县县志编纂委员会：《进贤县志》，江西人民出版社 1989 年版。

李梦莹：《从赣语进贤方言语音地图看音变序列》，南开大学文学院，硕士学位论文，2012 年。

李荣、熊正辉、张振兴主编：《中国语言地图集》，香港朗文（远东）有限公司 1987 年版。

李如龙、张双庆主编：《客赣方言调查报告》，厦门大学出版社 1992 年版。

刘纶鑫：《客赣方言的声调系统综述》，《南昌大学学报》（人文社科版）2000 年第 4 期。

刘纶鑫主编：《客赣方言比较研究》，中国社会科学出版社 1999 年版。

冉启斌、张玉岩：《博白水鸣粤语有多少个声调？——汉语方言极限声调清单声学实验分析之一》，《语言科学》2014 年第 6 期。

石锋：《送气声母对于声调的影响》，*Journal of Chinese Linguistics*，1998，Vol. 26，No. 1，126－145 页。

孙宜志：《江西赣方言语音研究》，语文出版社 2007 年版。

孙宜志、陈昌仪、徐阳春：《江西境内赣方言区述评及再分区》，《南昌大学学报》（人文社科版）2001 年第 2 期。

谢留文：《赣语的分区》（稿），《方言》2006 年第 3 期。

谢留文：《江西省的汉语方言》，《方言》2008 年第 2 期。

辛世彪：《赣方言声调演变的类型》，《暨南学报》（哲学社会科学版）1999 年第 3 期。

颜森：《江西省方言的分区》，《方言》1986 年第 1 期。

朱晓农：《语音学》，商务印书馆 2010 年版。

冉启斌　男，中国语言学会语音学分会会员。南开大学汉语言文化学院副院长、副教授。主要研究领域为普通语音学、实验语音学以及语音习得。
　　　　E-mail：ranqibin@126.com

顾　倩　女，博士，天津外国语大学国际交流学院讲师，主要研究领域为语言教学、语音学。
　　　　E-mail：guqian84@126.com

余慧敏　女，南开大学汉语言文化学院硕士生，主要研究领域为语音学。
　　　　E-mail：403261143@qq.com

词内语境和刺激类型对普通话阴平—阳平感知的影响

秦　鹏　葛佳登

摘　要　本文使用雷琴音合成的非言语刺激连续统，通过辨认和区分实验研究了双字词语境下北京被试对阴平和阳平声调的感知情况，并与相关言语刺激实验做了系统对比。实验发现，目标字位置和参照字调类对声调的辨认和区分都有一定影响，其中因目标字位置不同而产生影响更具显著性。缺乏音段信息的雷琴实验在各项参数上表现为组内差距更小，但是音段信息的有无对声调范畴感知并不能产生决定性影响。不同的刺激类型对声调感知的助益作用不同，刺激类型和语境在声调的感知中同时起作用。

关键词　雷琴音，语境，阴平，阳平，感知

Effects of Internal Context and Stimuli Type on the Categorical Perception of Mandarin Tone1 and Tone2

QIN Peng，Jordan GALLER

Abstract The paper presents the native speakers' categorical perception of Mandarin Tone1 and Tone 2 within a set of minimum contrasts(eight groups of disyllabic words which are distinguished in tones) in the form of Mandarin speech tone as well as in the homologous non-speech harmonic tone synthesized with Leiqin sound. The results from both the identification and the discrimination tests show that native speakers are influenced by the positions of target tones and the types of reference tones，with the former playing a more significant role. The lack of segmental information weakens the internal difference in the word pairs，but it does not greatly interfere with the tonal perception. Different stimuli assist the tonal perception to different degrees，and there also exists a combined effect of stimuli type and context in the perception of tones.

Key words Leiqin sound，Context，Tone1，Tone2，Perception

1. 引言

范畴化感知（categorical perception）是把连续的语音变化识别为离散的、数量有限的语音范畴（张林军 2010）。前人的研究表明，母语者对汉语声调的感知体现出较为明显的范畴化感知特点（Wang 1976；高云峰 2004），而非声调语言的母语者则表现出了心理—物理的感知模式（Francis et al. 2008，Peng et al. 2010，Hallé et al. 2004）。有的学者还发现范畴化感知能力有程度高低的差别，存在发展的过程（Hallé et al. 2004，席洁等 2009，

张林军 2010）。范畴化识别是一种分类，分类的前提是归类，就声调来说，就是"声调归一化"（tone normalization）（Francis et al. 2006）。归类的线索有两个：词内部和词外部的。内部的线索包括基频、时长等，最重要的是基频。外部的线索是语境（Fei Chen et al. 2014），包括词内部相邻声调环境（Xu et al. 2006），本文称之为词内语境。

语境对声调感知的影响前人已有探讨。林焘、王士元（1984）证明相邻的字音的音高变化会使声调的感知范畴发生改变。Fox & Qi（1990）认为语境的影响作用和听觉的感知机制有关。曹文（2010）

对平调在单字和双字条件下的感知实验，得到"平调的感知结果会受到参照调的影响"的结论。

早期的研究多使用真实的录音样本作为实验材料，之后很多学者使用非言语刺激，包括合成的纯音（pure tone）或者谐波（harmonic）音调也进行了相应的研究。Wang et al.（2012）证明当音段信息质量下降时，词的韵律在识别中作用会加大。Xu et al.（2006）使用言语刺激和谐波刺激测试汉语和英语被试对汉语声调的范畴感知程度，结果表明范畴化感知是普遍存在的，但是范畴感知的程度受到被试母语经验的影响。Peng et al.（2010）证明普通话母语者在辨认实验中的表现受连续统类型（言语和纯音高）的影响，但是他们的研究只是测试了对一个孤立音节刺激的反应，无法测定语音环境的影响。

李幸河（2012）采用自然语言的录音样本合成刺激连续统，对普通话母语被试的阴平和阳平的感知情况以及影响感知的词内音节环境等因素进行了研究。本次实验使用弦乐器雷琴的乐音模拟的普通话声调，作为非言语刺激的原始合成材料，使用与李幸河（2012）大致一样的实验方法，以普通话中 8 组双字词作为实验材料，通过辨认和区分实验研究非言语刺激的双音节环境下汉语阴平和阳平的感知情况，并通过对比，探求音段成分的缺失对汉语声调的辨认和区分情况的影响程度。

2. 实验设计

2.1 实验语料

本实验沿用李幸河（2012）研究选取的阴平和阳平声调对立的 8 组双字词对作为听辨内容，以便后文对比。其中声母、韵母相同，声调对立的字；称为目标字；声韵调完全相同的字，称为参照字。按目标字在词对中的位置分为前字组（目标字居前）和后字组（目标字居后），按参照字的调类分为：阴平参照组、阳平参照组、上声参照组和去声参照组（见表1）。

表 1　　　　实验语料

参照组	前字组	后字组
阴平参照组	青天—晴天	出身—出神
阳平参照组	称为—成为	流星—流行
上声参照组	鸡眼—急眼	小汪—小王
去声参照组	天地—田地	大虾—大侠

2.2 刺激合成

雷琴是一种在坠胡的基础上改造成的拉弦乐器，形貌与二胡相似。雷琴音域宽，音量大，发音接近人声，有非常丰富的表现力，经常用于模拟人的对话、鸟兽啼声、戏曲唱腔，甚至能模仿锣鼓、唢呐、提琴等多种乐器的音响效果（宋东安 1984）。

以往声调感知的研究中多采用机器合成的纯音作为非言语刺激音，但是纯音在听感上与自然言语差别很大，音强偏小。因此，为了在听感上与自然言语匹配，纯音刺激一般会人为提高 20dB 左右（Peng et al. 2010，Fei Chen et al. 2014）。本文在实验条件允许的情况下优先选择最接近自然语言真实状态的刺激音。雷琴音是一种乐音音调，与言语刺激在音高、振幅等参数上十分接近，仅仅在声谱组成上有所不同（Xu et al. 2006）。实验设计要考虑单一变项原则，控制自变量的数量，使用雷琴音作为刺激音，在合成时仅考虑音高即可，不必刻意改动振幅等其他参数。

实验所用的雷琴音原始样本在南开大学语音实验室录制，利用 Praat 软件自编脚本[1]合成刺激音连续统。为了更好地匹配人的听觉特点，音高的绝对赫兹（Hz）单位被转化为相对的半音（st）单位[2]，具体的合成过程为：①调整目标字音为160ms；②降低目标字起点音高，每次降低 1 个半音，终点音高保持 19st 不变；③重复②的操作直到起点音高降至 9st。结果

---

1 脚本由贝先明提供。
2 转换公式为 $st=12*lg(f/fr)/lg2$，其中 f 为绝对的赫兹数，fr 为参考频率，取为 50Hz。

如图 1 所示，刺激音命名按其起点和终点的半音值，例如，刺激音"09－19st"即为一个起点为 9st 终点为 19st 的升调。合成的参照字声调有 5 个，其中三个对应阴平、阳平、上声三调，两个对应去声调[1]。阴平、阳平参照字的音高分别对应"19－19st"和"14－19st"，时长均为 160ms；上声的本质是一个低平调（石锋、冉启斌，2011），所以设定为"09－09st"，时长为 140ms；对于参照字中的去声，位于目标字之前时设定为"19－14st"，位于目标字之后时设定为"19－09st"，时长都是 140ms。最后，每一个参照字和目标字结合产生 88 个刺激音（11 个目标字音×4 组参照字×2 种位置＝88 个刺激音）。

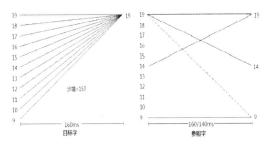

图 1　目标字和参照字合成示意

2.3 实验被试

参加实验的 24 名被试均是来自北京的 20—23 岁的大学生，男女各半，右利手，没有言语或听力障碍。

2.4 实验流程

实验包括辨认实验（identification test）和区分实验（discrimination test）两部分，刺激音的播放和数据的采集由 E-prime2.0 软件来完成。在进行正式实验之前，被试都要进行练习，以熟悉实验流程，练习部分的数据不计入统计。

辨认实验采用双项迫选形式，被试每

_____

1 刺激音在合成时最大限度地保持与真实言语相似性，去声字在前时，实际的音值接近 53，是个"半去"，为了保证刺激音听感上的自然，区分了去声在前和在后两种情况。其他三个参照调因为位置不同产生的轻微变动听感上没有明显差别，故而没有做分别处理。

次听到一个刺激，同时在屏幕上呈献相应的实验词对，如晴天"（选 f）—青天（选 j）"，要求被试从中做出选择。区分实验仍然采用双项迫选形式，但是要求被试判断听到的两个词语相同还是不相同。每个刺激对由相隔的两个刺激组成，两个刺激间的起点音高相差 2 个半音。流程与辨认实验基本一致，只是选择界面在屏幕左右会各出现一个提示，如"相同（请按 F）、不同（请按 J）"。辨认和区分实验每个（对）刺激随机播放 2 遍。

2.5 参数考察

实验分析和对比主要从以下参数进行：

（1）边界位置（boundary position），即两条辨认曲线交于 50% 的那个点所对应的半音值。考察边界位置，同时考察边界位置偏移（boundary shift）和感知范围（perception domain）的情况。

（2）边界宽度（boundary width），在边界位置两侧，阴平（或阳平）听辨率为 75% 时的半音值与阴平（或阳平）听辨率为 25% 时的半音值的差值。

（3）区分峰值（discrimination peak），即区分曲线的百分比最大值。观察区分峰值时，同时考察区分峰值位置（peak position）与辨认边界位置的峰界对应（correspondence between peak and boundary）的情况。

（4）反应时间（reaction time，简称 RT），指的是从机体接受刺激到做出回答反应所需要的时间（林仲贤等 1987）。反应时间分为辨认反应时间和区分反应时间，本实验主要考察辨认反应时间及其峰值和辨认边界之间的位置关系。

3. 实验结果

如图 2 所示，八组实验词都出现了明显的听感分界，除了"小王—小汪"组，其他的区分曲线都出现了较为明显的峰值和良好的峰界对应情况，只是区分率整体偏低，峰值多数也没有达到 50%，区分效果较不理想。但总体来看，多数词对仍比较符合理想化的范畴感知的特点。辨认边界与辨认反应时间的峰值有良好对应关系（见表 2），也就是说，辨认边界附近总可以找到一个辨认反应时间的峰值，这个 "峰界对应" 关系相对而言稳定得多。说明，剥离刺激音音段信息并不妨碍母语被试对阴平、阳平的范畴感知[1]。

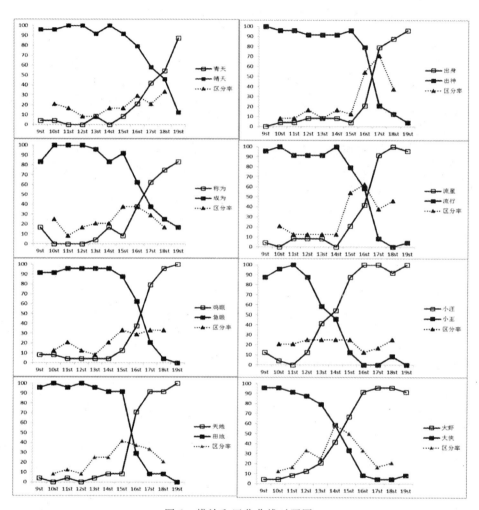

图 2　辨认和区分曲线对照图

表 2　边界位置和反应时间（RT）对应情况

实验词对	界前（st）	界后（st）	边界位置（st）	RT 峰值位置（st）
青天—晴天	16	17	16.9	18
称为—成为	16	17	16.5	17
鸡眼—急眼	16	17	16.3	16
天地—田地	15	16	15.8	15

1 区分实验的设计方法有很多种，比如 4IAX，ABX，AX 等，每一种设计得出的区分曲线不一定都与辨认边界有完美对应，具体实验中不同的实验要求也会造成辨认边界和区分峰值不对应的情况。"辨认边界和区分峰值之间有良好对应关系" 作为国内外一些学者判断范畴感知的 "标准"，实际上是很理想化的，与其说是标准，不如说是理想的范畴感知模式表现出来的特点。我们认为，在判断范畴感知特点时应当以辨认实验的结果、数据为主，区分实验为辅，不能以区分实验结果的个别表现否认音位感知的范畴化特点，而简单贴上 "连续感知""准范畴感知" 的标签。

续表

实验词对	界前（st）	界后（st）	边界位置（st）	RT 峰值位置（st）
出身—出神	16	17	16.5	15
流星—流行	16	17	16.2	16
小汪—小王	13	14	13.7	14
大虾—大侠	14	15	14.3	15

在感知范围上，除了"小王—小汪"和"大虾—大侠"两组实验词阴平和阳平的感知范围大体平分秋色之外，其他组的感知范围均是阳平大于阴平。也就是说，边界位置更接近连续统上部接近平调的区域。

母语为非声调语言的被试在听辨汉语声调时，听觉表现和刺激音的物理现象相对应，辨认曲线虽然有交点，但是区分曲线多呈现单向上升趋势，在最后一个刺激

音处达到峰值，这种边界现象是一种"心理—物理边界"（psychophysical boundary）。汉语母语者则一般会在辨认边界附近出现一个区分峰值，这是一种"语言学边界"（linguistic boundary）（Wang 1976，Peng et al. 2010）。在本次实验中，被试在多数实验词对的辨认上都表现出了语言学边界。

4. 分析

4.1 目标字的位置对辨认和区分实验的影响

如表 3 所示，前字组边界位置总体比后字组高（平均总体高出 1.2st）。上声参照组和去声参照组的前、后字组边界位置有显著差异（p＝.034），而目标字位置对阴平组和阳平组边界位置的影响不显著（p＝.296）。

表 3　　　　　　　　　　前、后字组主要数据对比

	前字对比组				前字组平均	后字对比组				后字组平均
	青天—晴天	称为—成为	鸡眼—急眼	天地—田地		出身—出神	流星—流行	小汪—小王	大虾—大侠	
边界位置（st）	16.9	16.5	16.3	15.8	16.4	16.5	16.2	13.7	14.3	15.2
边界宽度（st）	2.5	2.4	1.4	1	1.8	0.8	2.5	2.2	2.1	1.9
区分峰值（%）	33.3	37.5	33.3	41.7	36.5	70.8	62.5	25	58.3	54.2
辨认反应时间（ms）	1548.8	1558.8	1544.5	1593	1561.3	1679.2	1562.7	1609.4	1630	1620.4
区分反应时间（ms）	2566.8	2597	2591.1	2600.8	2588.9	2584.2	2657.2	2573.8	2637.7	2613.2

感知范围与边界位置密切相关，总体上，边界多数位于刺激连续统上部靠近平调的区域，除去例外"小王—小汪"组，

目标字在前时，阴平的感知范围比目标字在后时小，阳平的感知范围比目标字在后时大。

45

目标字位置也影响边界宽度。除阴平参照组外，目标字在后的边界宽度都大于目标字在前的。阴平组前、后字组的边界宽度差别大（分别是 2.5st 和 0.8st）；阳平组边界宽度在前、后字组中具有很好的一致性，上声和去声组的后字组的边界宽度都比前字组大（见表 3）。区分峰值在前、后字组中差异不显著（p＝.135）。但是整体来看，后字组的区分峰值更明显，而且多大于前字组，边界效应更强。辨认反应时间在前、后字组之间有显著差异（p＝.044），后字组平均比前字组多 59.1ms；区分反应时间在前、后字组之间差异不显著（p＝.364），后字组平均比前字组多 29.3ms。

4.2 参照字的调类对辨认和区分实验的影响

边界位置在四个参照字调类之间差异不显著（p＝.382）。但如表 4 所示，阴平和阳平参照组的前、后字组之间边界位置相差都很小，不超过 0.5st。上声组和去声组的边界位置都低于阴平组和阳平组。上声参照组前、后字组边界位置差异最大：前字组"鸡眼—急眼"的边界位置为 16.3st，后字组"小王—小汪"的边界位置为 13.7st，相差达到 2.6st。去声参照组前、后字组之间的位置差异也达到了 1.5st。

表 4　　　　　　　　　　　　　　　不同参照调类主要数据对比*

	阴平参照组		阳平参照组		上声参照组		去声参照组	
	出身—出神	青天—晴天	流星—流行	称为—成为	小汪—小王	鸡眼—急眼	大虾—大侠	天地—田地
边界位置（st）	16.5	16.9	16.2	16.5	13.7	16.3	14.3	15.8
	＊16.7		＊16.4		＊15		＊15.1	
边界宽度（st）	0.8	2.5	2.5	2.4	2.2	1.4	2.1	1
	＊1.65		＊2.45		＊1.8		＊1.55	
区分峰值（%）	70.8	33.3	62.5	37.5	25	33.3	58.3	41.7
	＊52.1		＊50		＊29.2		＊50	
辨认反应时间（ms）	1679.2	1548.8	1562.7	1558.8	1609.4	1544.5	1630	1593
	＊1614		＊1560.8		＊1577		＊1611.5	
区分反应时间（ms）	2584.2	2566.8	2657.2	2597	2573.8	2591.1	2637.7	2600.8
	＊2575.5		＊2627.1		＊2582.5		＊2619.3	

相应地，前字组中，目标字为阴平的感知范围从小到大依次为阴平参照组＜阳平参照组＜上声参照组＜去声参照组；阳平目标字的感知范围与此相反。后字组中，目标字为阴平的感知范围从小到大依次为阴平参照组＜阳平参照组＜去声参照组＜上声参照组，阳平目标字的感知范围与此相反。当参照字为阴平或者阳平时，不管目标字声调位置如何，目标字的感知范围都相对稳定；而与此不同，当参照字为上声或者去声时，目标字声调的感知范围则有明显不同。

关于边界宽度，相比起其他各组，阳平前、后字组的边界宽度都较大且相对一致（分别是 2.4st 和 2.5st，仅有 0.1st 的差别）（见表 4）。阴平、上声、去声前、后字组之间的边界宽度分别相差 1.3st，0.8st 和 1.1st，差距相对较大。区分峰值在阴平、阳平和去声参照组中平均为 50%，上声参照

---

* 表示平均值。

组中仅有 29.2%。从图 2 也可以看到，区分曲线在上声参照组的两对实验词中基本都维持在较低的水平上，而且波动没有规律性，峰值也不明显；阴平参照组的"青天—晴天"，区分曲线也与此类似。其他各组实验词，虽然区分率水平不同，但是峰值都比较明显，且与辨认边界位置都有良好对应。

辨认反应时间在四个参照组中没有显著差异（p＝.501），区分反应时间在四个参照组中也没有显著差异（p＝.405）。

4.3 刺激类型对辨认和区分实验的影响

本节通过与李幸河（2012）的研究进行对比，以探究不同的刺激类型（言语和非言语刺激）对阴平—阳平感知所产生的影响[1]。

4.3.1 辨认实验

如图 3 所示，两个实验多数词对的辨认曲线都呈现出较好的相关度。通过对两个实验的辨认曲线做 Pearson 相关性分析，发现除了"小王—小汪"，其他对实验词的辨认曲线呈现很强的正相关关系（r＞0.8）（见表 5）。两个实验在边界位置和边界宽度上的差异并不显著（p 分别为 .325 和 .410），但是就组内差别来看，雷琴实验各个实验词对边界位置、边界宽度之间的差异比真词实验小。

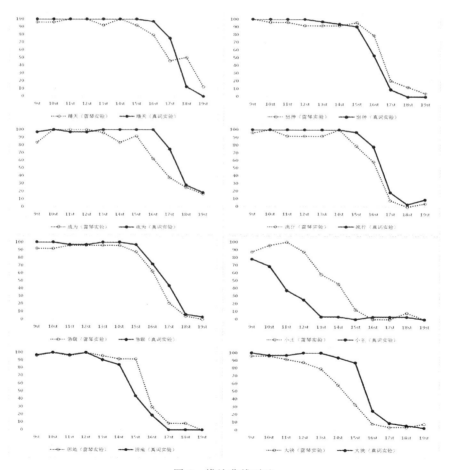

图 3　辨认曲线对比

---

1 为表述方便，本节把李幸河（2012）使用自然语言刺激音连续统所做的实验称为"真词实验"，把本文用雷琴音刺激连续统所做的实验叫"雷琴实验"。

尽管两个实验在感知范围上基本都是阳平大于阴平，但是在八对实验词对中，雷琴实验有三对词的边界位置更靠后（边界位置靠近连续统上部接近平调的区域，下同），而真词实验有五对词的边界更靠后。这个结果与 Xu et al.（2006）和 Peng et al.（2010）的实验结果都有部分重合。Xu et al.（2006）发现，英语被试和汉语被试非言语刺激的范畴边界都比言语刺激范畴边界更靠后，他们认为"刺激复杂性（stimulus complexity）"可以解释实验中被试的这种表现，即被试对"弱复杂性"的非言语刺激有更高的音高敏感性。而 Peng et al.（2010）使用纯音高作为非言语刺激，与言语刺激进行对比，得到相反的结果，他们认为这可以用"谐波丰富性（richness of harmonics）"来解释，并认为在声调识别中，谐波丰富性的助益作用大于刺激复杂性，对于相对不丰富的谐波结构的刺激来说，被试需要更大的音高斜率才能判断出一个阳平调。本文的结果说明"谐波丰富性"和"复杂度"在不同刺激类型实验的边界和边界宽度上的影响可能不是单独起作用。

表 5　辨认和区分曲线 Pearson 相关度分析

	实验词对	辨认曲线相关系数	区分曲线相关系数
前字对比组	青天—晴天	0.901	0.706
	称为—成为	0.889	0.281
	鸡眼—急眼	0.987	0.749
	天地—田地	0.95	0.84
后字对比组	出身—出神	0.978	0.86
	流星—流行	0.988	0.788
	小汪—小王	0.785	−0.033
	大虾—大侠	0.916	0.296

通过对边界宽度的计算（见表6），我们发现，真词实验的边界宽度平均相较于雷琴实验更小，刺激音的音段信息无疑助益了被试的判断，被试在作出选择时更加肯定。缺乏音段信息的雷琴实验中，被试

要对刺激音和实验词之间建立起"像"或"不像"的联系，需要的心理加工过程更复杂，反应时间更长[1]，主观性更大。反映在图上就是辨认曲线的波动更多、幅度更大，边界宽度更大。当然，这些差别可能还不足以具有统计学意义上的显著性。但并不能否认这种影响的存在。

汉语普通话阴平是个高平调，阳平是个中升调，它们既有调型上的差别也有调阶上的差别，这种差别把二者严格地区分在两个不同的范畴中。刺激音类型的不同，不足以对母语者头脑中的调位印象产生颠覆性影响。在缺乏音段信息的雷琴实验中，被试辨别阴平提高了对于调阶的依赖，即需要整体调阶足够高；而阳平调只要满足终点的"高"和调型的"升"，也可以被很好地判别，相比起来，起点高低可以有一定灵活性。声学上，每个声调的不同部位作用是不同的，承担主要调位信息的是由特征点组成的稳态段，如阴平的起点和终点段，阳平的终点段等，其他不承担主要调位信息的是动态段，离散性比较大，容易变动（石锋、王萍 2006）。实验得出的听觉上的表现与其声学上的表现有良好的对应。

4.3.2 区分实验

两个实验的区分曲线并没有像辨认实验那样表现出良好的相关性（见图4和表5、表6）。区分曲线形状和走向或一致或不一致，没有明显规律。仅就区分峰值来说，雷琴实验组内差异小于真词实验。另外，两个实验的区分峰值和辨认边界有较好的对应（真词实验的对应情况更好一些），较之真词实验，雷琴实验的区分峰值普遍偏小，曲线波动更明显。

在非边界处，两个实验的区分率都比较低。但是，非辨认边界处，雷琴实验的区分率基本都大于真词实验的区分率。这与刺激音的性质和实验要求有关系。在真词实验中，双字组实验词不是由发音人单独

---

[1] 由于缺乏真词实验反应时间的原始数据，无法对两个实验的反应时间进行比较。但是我们在另外一项阴平和上声的听辨研究中发现，不同刺激类型的实验在反应时间上有显著差别，雷琴实验的平均反应时间大于真词实验。

发出，而是在句子中截出，那么就有音节组合的问题，音节的组合必然带来基频曲拱的变化（变调），这种变调在语流中很自然，但是一旦从语流中截出，再加上后期合成就很不自然了，被试更要把听到的声音形式与看到的实验词本身的语义信息结合起来，这个加工过程其实相当困难，而且我们也不允许被试有足够的时间来处理。在非边界处，只是间隔 2 个半音的两个刺激音本身在听感上的差别就很小，对这种信息差别注意又在很大程度上受到似是而非的音段信息的干扰，结果就是被试区分率不高。雷琴音只包含调位信息，被试的注意力主要集中在调位信息的不同上，没有音段信息的干扰，被试更能注意到刺激音物理性质上的差别，故而在非边界处会有较高的区分率。

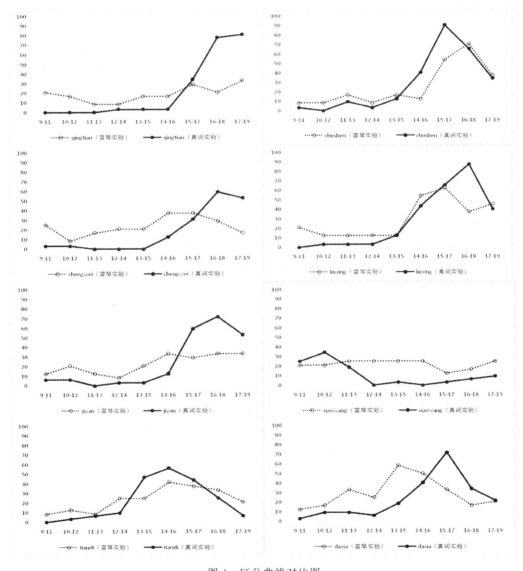

图 4　区分曲线对比图

表 6 主要参数对比

实验类型	目标字位置	实验词	边界位置（st）	边界宽度（st）	区分峰值（%）	感知范围（%）	
						阴平	阳平
雷琴实验	前字组	青天—晴天	16.9	2.5	33.3	21	79
		称为—成为	16.5	2.4	37.5	25	75
		鸡眼—急眼	16.3	1.4	33.3	27	73
		天地—田地	15.8	1	41.7	32	68
	后字组	出身—出神	16.5	0.8	70.8	25	75
		流星—流行	16.2	2.5	62.5	28	72
		小汪—小王	13.7	2.2	25	53	47
		大虾—大侠	14.3	2.1	58.3	47	53
真词实验	前字组	青天—晴天	17.4	0.8	81	16	84
		称为—成为	17.5	1.3	59	14.7	85.3
		鸡眼—急眼	16.8	1.6	72	22.2	77.8
		天地—田地	14.8	1.5	54	41.5	58.5
	后字组	出身—出神	16.1	1.2	91	29.3	70.7
		流星—流行	16.5	0.8	88	25.3	74.7
		小汪—小王	10.6	2.7	34	84.1	15.9
		大虾—大侠	15.6	0.8	72	34	66

5. 总结

本文使用雷琴音合成的非言语刺激连续统在双音节词语环境下研究了北京被试的阴平和阳平的听觉感知情况,并与前人使用言语刺激进行的类似研究进行了比较。从而探讨了刺激音类型(有音段信息和无音段信息)和词内语境(目标字位置和参照字调类)对于阴平和阳平的范畴感知的影响。实验发现,去除了音段信息,雷琴实验多数实验词对仍能表现出良好的范畴感知的特点,被试仍能表现出语言学边界效应。刺激音所处的词内语境对于感知的影响体现在两个方面:目标字位置和参照字调类。

具体说,目标字位置的不同影响辨认的边界位置,其中对于上声组和去声组的边界位置产生的差异具有显著性;边界宽度普遍都是后字组大于前字组;辨认反应时间因目标字位置不同有显著差异。另外,前、后字组之间区分峰值和区分反应时间差异分别不显著,后字组体现出更强的边界效应。

参照字为阴平或阳平时,对目标字的边界位置和感知范围影响较小,参照字为上声和去声时,对目标字的边界位置和感知范围影响较大。上声参照组区分率较其他各组明显偏低。另外,辨认和区分反应时间在四个调类参照组中没有明显差异。总的来说,参照字调类对于感知的影响小于目标字位置的影响。

音段信息的有无并不能对声调感知产生颠覆性影响，两个实验在阴平和阳平的相对感知范围上有整齐的一致性。但是缺乏音段信息的雷琴实验内部，各实验词对在边界位置、边界宽度、感知范围、区分峰值等参数上的组内差别都有所减小。雷琴实验的刺激音是一种谐波刺激，实验结果既表现出言语刺激实验的特点又表现出纯音高刺激实验的特点，刺激音的复杂度和谐波丰富性可能同时对听辨产生影响。因此我们不能简单地在言语和非言语的感知之间划线，而应该在跟言语实验对比时考虑到非言语刺激的类型。就助益声调感知的效应而言，似乎是言语＞谐波＞纯音高。但是具体的作用机制如何还需要以后深入的探索。

6. 致谢

本文研究得到了国家社科基金重大项目"普通话语音标准声学和感知参数数据库建设"（编号：13&ZD134）的经费支持。在研究和写作过程中受到石锋教授的指导。

参考文献

Chen, F., et al. (2014) Effects of preceding contexts on the categorical perception of Mandarin tones. *9th ISCSLP*. Singapore. 289－293.

Fox, R. A, Qi, Y. Y. (1990) Context effect in the perception of lexical tones. *Journal of Chinese Linguistics 18*, 261－284.

Francis, A. L. et al. (2006) Extrinsic context affects perceptual normalization of lexical tone. *J. Acoust. Soc. Am. 119*, 1712－1726.

Francis, A. L. et al. (2008) Perceptual learning of Cantonese lexical tones by tone and non-tone language speakers. *Journal of Phonetics 36*, 268－294.

Hallé et al. (2004) Identification and discrimination of Chinese tones by Mandarin Chinese vs. French Listeners. *Journal of Phonetics 32*, 395－421.

Peng, G. et al. (2010) The influence of language experience on categorical perception of pitch contours. *Journal of Phonetics 38*, 616－624.

Wang, William S-Y. (1976) Language change. *Annals of the New York Academy of Sciences 280*, 61－72.

Wang, H. Y. et al. (2012) Relative importance of tone and segments for the intelligibility of Mandarin and Cantonese. *Experimental Linguistics*, 1, 76－79.

Xu, Y. et al. (2006) Effects of language experience and stimulus complexity on the categorical perception of pitch direction. *J. Acoust. Soc. Am*, 120, 1063－1074.

曹文：《汉语平调的声调感知研究》，《中国语文》2010 年第 6 期，第 536—543 页。

高云峰：《声调感知研究》，上海师范大学博士论文，2004 年。

林焘、王士元：《声调感知问题》，载《王士元语言学论文集》，商务印书馆 2002 年版，第 170—184 页。

林仲贤、朱滢、焦书兰：《实验心理学》，科学出版社 1988 年版。

李幸河：《普通话阴平阳平的听感分界》，南开大学硕士论文，2012 年。

宋东安：《一种独特的民族弓弦乐器雷琴》，《乐器》1984 年第 6 期，第 19—20 页。

石锋、冉启斌：《普通话上声的本质是低平调——对〈汉语平调的声调感知研究〉的再分析》，《中国语文》2011 年第 6 期，第 550—555 页。

石锋、王萍：《北京话单字音声调的统计分析》，《中国语文》2006 年第 1 期，第 33—40 页。

席洁、姜薇、张林军、舒华：《汉语语音范畴性知觉及其发展》，《心理学报》2009 年第 7 期，第 572—579 页。

张林军：《母语经验对留学生汉语声调范畴化知觉的影响》，《华文教学与研究》2010 年第 2 期，第 15—20 页。

中国语音学报 第 5 辑，2015 年，北京

秦　鹏　男，中国语言学会语音学分会会员。南
开大学文学院，博士研究生，主要研究
领域为实验音系学。

葛佳登　男，南开大学汉语言文化学院，硕士研
究生，主要研究领域为实验语音学。
E-mail：qp1988@126.com
E-mail：jordan.galler@gmail.com

广州话双字组平调的听感实验初探[1]

谢郴伟　温宝莹　梁嘉乐

摘　要　本文以广州话自然语言中的四组双字组词为实验语料，采用"对角测试法/半空间测试法"（石锋等，待刊），通过辨认实验和区分实验考察了广州话高中低三个平调的听感范畴。实验结果表明，广州话双字词中这三个平调的辨认边界与区分峰值呈现出明显的峰界对应，听感范畴明确，具有明显的范畴边界。参照字的不同声调和目标字的前后位置都会影响范畴边界位置。

关键词　广州话，听觉感知，平调，双字词

A Perception Research of Level Tones in Cantonese: Preliminary Data on Disyllables

XIE Chenwei, WEN Baoying, LIANG Jiale

Abstract Using the "Diagonal / Half Space Test Method" (Shi Feng et al. in press), this paper puts the four pairs of disyllabic words as experimental corpus to investigate the high, mid and low tones in Cantonese with the identification test and the discrimination test. The results indicate that there is obvious correspondence between the identification boundary and the peak of discrimination of the disyllabic words in Cantonese. The perceptual category is certain with a clear categorical boundary. The different tones of the reference words as well as the preceding and the following context of disyllabic words will affect the area of categorical boundary.

Key words Cantonese, Tone perception, Level tone, Disyllabic words

1. 研究概述

"六声九调"是广州话声调格局总的特征，六声分别为阴平、阳平、阴上、阳上、阴去、阳去六个舒声调和上阴入、下阴入、阳入三个入声调（詹伯慧 2002）。如图 1 所示[2]，阴平调为调值 55 的高平调，阳平调为调值 21 的低降调，阴上调为调值 35 的中升调，阳上为调值 23 的低升调，阴去调为调值 33 的中平调，阳去调为调值 22 的低平调

（Bauer & Benedict 1997）。广州话丰富的声调系统，吸引了国内外不少学者对其进行研究，如李书娴（2008）、金健（2010）、谢郴伟等（2014）以及 Gandour（1981）、Francis & Ciocca（2003）、Zheng 等（2006）等，他们对广州话声调的演变、感知、声学特征做了详细的分析。

"对角测试法/半空间测试法"（石锋等，待刊），设定人们的声调听觉是一个空间，用对角线把空间分成两半，可以有前上、后上、前下、后下四种半空间。每次利用其中一半，我们可以得到声调语言中其声调的听感范畴。以普通话上声调为例，通过上声—阴平、上声—阳平、上声—去声的辨认实验和区分实验可以得到三组声调之间的边界位置、

―――――――――――――――

1 本研究得到"中央高校基本科研业务费专项资金资助项目"（NKZXB1211）的资助。
2 该图为笔者通过南开大学"桌上语音工作室"（Minispeech-lab）对本文发音人做出的单字调声调格局。

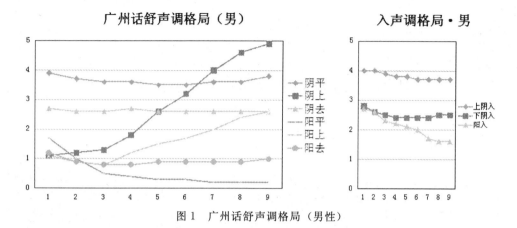

图1 广州话舒声调格局（男性）

边界偏移等参数；根据这些参数可以得到
上声的听感范畴：其中上声跟阳平的分界
是在起点处，上声跟去声的分界是在终点
处，上声跟阴平的分界是两个平调之间的
整体区分。因此，本研究将利用"对角测
试法/半空间测试法"，以广州话四组双字
词为语音材料，通过"低平调（阳去）—
中平调（阴去）"和"中平调（阴去）—
高平调（阴平）"两组实验来考察广州话
高中低三个平调的听觉感知情况及其听感
范畴。

2. 实验方法

2.1 词语选择

　　本实验选用自然语言中的双字组词对
作为听辨内容，其中声母、韵母相同，声
调相互对立的字，称为目标字；声韵调完
全相同的字，称为参照字。同时，按目标
字在词对中的位置分为：前字组（目标字
居前）和后字组（目标字居后），具体实
验词如表1所示：

表1　　　　　　　　　　　　　　　　实验语料

参照字声调	前字组目标字声调			参照字声调	后字组目标字声调		
	高平调	中平调	低平调		高平调	中平调	低平调
中平调	煲碎	布碎	暴税	低平调	大张	大涨	大象
高平调	冬天	冻天	洞天	上阴入	一堆	一对	一队

　　其中，前字组语音材料为 bou seoi[1]
（后文简称 bs）和 dung tin（后文简称
dt）；后字组语音材料为 daai zoeng（后文
简称 dz）和 jat deoi（后文简称 yd）。其中
bs 组参照字 seoi 为阴去调（中平调），dt 组

参照字 tin 为阴平调（高平调），dz 组参照
字 daai 为阳去调（低平调），yd 组参照字
jat 为上阴入，音高相当于阴平调，可看作
其变体（詹伯慧 2002）。

2.2 语音材料

　　根据选取的语音材料，请一位广州
话标准的男性发音人进行录音，他是老
广州人，现为南开大学学生。录音在南
开大学语音实验室进行，采用单声道录

---

1 语音材料音高为合成部分，故只标注了元音和辅音，
未标注声调。注音系统来自香港语言学学会，详见粤语
审音配词库（http://humanum.arts.cuhk.edu.hk/
Lexis/lexi-can/）。

制，采样率为 11025Hz。实验采用了负载句的方法，由发音人以自然语速说出"我宜家读嘅系____"，每个句子说 3 遍，各句乱序出现，共得到 12 * 3＝36 个句子。运用 Cool Edit 软件从中切出目标词语。

对广州话单字调声调格局进行分析时，我们得到发音人调域为 96Hz 至 165Hz，以 55HZ 为半音参考值换算，约为 10st 至 19st。参照谢郴伟等（2014）对广州话单字调听感范畴的数据以及发音人目标词语实际发音的平均音高，我们将作为参照字的高平调合成为 19st，中平调合成为 12st，低平调合成为 8st，上阴入合成为 16～14st 的降调。Wong & Diehl (2009) 实验发现音节时长（duration）因素对于广州话平调的发音（production）和感知（perception）均无显著影响，因此，为了使合成刺激音更为自然，我们保留了各音节的时长特征，并未进行归一化处理。张凌等（2006）通过对入声字时长特征进行考察发现，在正常语速下，入声字后的"语音空白＋首音时长"的值较为恒定，声调间距约为 100ms，结合发音人的发音特征，我们将包含入声字的实验刺激 yd 声调间距设为 130ms。闭塞段是塞音的重要声学特征（石锋等 2010），因此，结合发音人的发音特征，我们将后字包含塞音字的实验刺激 dt 设置了 20ms 的闭塞段时长，将后字包含塞擦音字的实验刺激 dz 设置了 40ms 的闭塞段时长。对音高的合成采用 praat 自编脚本进行，目标字为 1st 步长的平调连续体组成。图 2 至图 5 分别为 bs、dt、dz、yd 组的合成示意图：

图 2

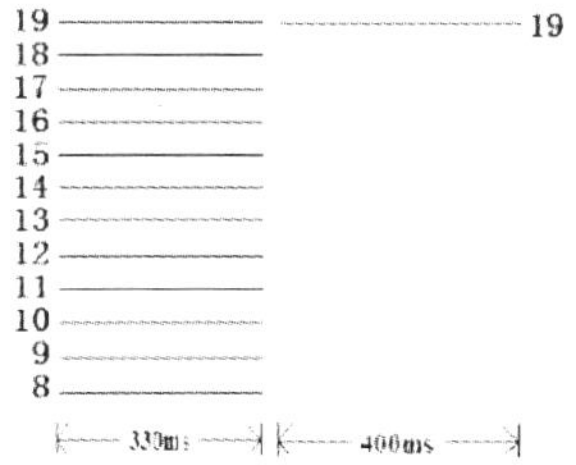

图 3

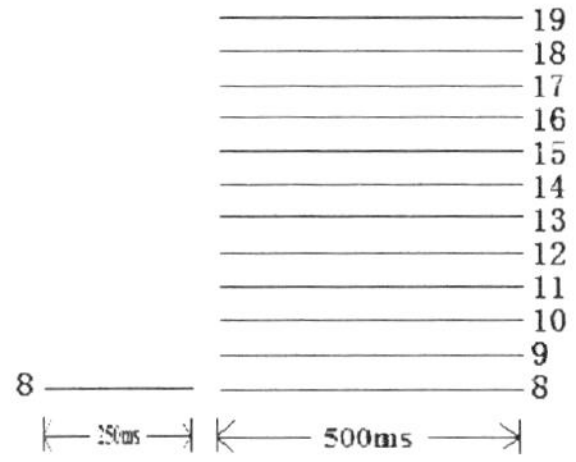

图 4

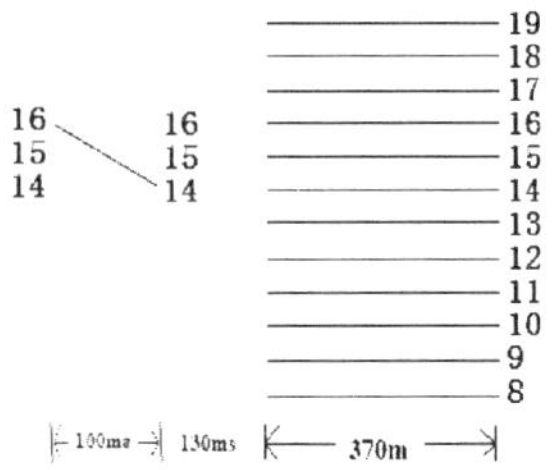

图 5

由此，我们得到前后字组（各 2 组共 4 组）×音高（8st 至 19st 共 12 组）＝48 个实验刺激音。

2.3 实验被试

参加实验的被试均为广州人，12 名男生，14 名女生，平均年龄 21.29±2.45 岁。身体健康，听力正常，均为右利手，母语为广州话。最终，本次实验得到有效数据 22 人次（11 男 11 女），其中 4 人在做实验时不能够完全集中注意力，故剔除了相应的数据。

2.4 实验步骤

实验采用 E-prime 软件进行语音的播放和行为数据及反应时的采集。

2.4.1 辨认实验

辨认实验采用的是每个刺激随机播放一次，要求被试通过按键在两个词选项间迫选的实验方式。实验时被试坐在安静、亮度适中的实验室中。正式实验之前，为使被试明确实验要求，设置了一个 5 个任务的练习，当被试完全了解实验要求后进入正式实验。实验开始后，当被试按空格键后即由 E-prime 软件通过耳机以相同音强随机不重复地播放刺激音，随后被试会看到一个选择界面，屏幕左右各出现一个单字选项，如煲碎（F）、布碎（J），要求被试判断所听到的是屏幕左边的词还是右边的词。如果是左边的词（如"煲碎"）就按 F 键，如果是右边的词（如"布碎"）就按 J 键，要求又快又准地做出判断[1]。被试进行选择后，选择界面消失，进入下一题的流程。正式实验约 15 分钟。

按键反应页面呈现出两个选项，根据选项呈现的不同顺序，我们将实验程序分为正序和反序两组，其中正序是指音高较低的选项在左面出现，反序是音高较低的选项在右面出现。

2.4.2 区分实验

区分实验采用 AX 式，由两个单字组成一个刺激对，每个刺激对随机播放一次，要求被试通过按键判断两个词语是否完全一样。每对刺激对由相隔的两个刺激音组成，两个刺激间相差 2 个半音（即 8—10，10—8，9—11，11—9 等 20 对）。同一刺激对中的两个刺激音之间相隔 500ms。具体实验流程与辨认实验基本一致，只是在听到刺激对后被试看到的选择界面略有不同，屏幕左右会各出现一个提示，如"相同（请按 F）、不同（请按 J）"，要求被试判断所听到的刺激对是否相同，如果相同就按 F 键，如果不同就按 J 键。正式实验约 5 分钟。

同时，按键反应页面呈现出左右两个

选项，根据按键反应页面选项的显示顺序，我们又将区分实验分成了两组，表现为"不同—相同"和"相同—不同"，分别代表选项为"不同"和"相同"出现在左面。根据这两种分组方式，我们将区分实验分成了四组数据。

2.5 数据统计

我们对实验所得数据进行统计分析，计算各平调的听辨率、区分率，求出各平调的最大边界位置、边界宽度、听辨范围、区分峰值和反应时。按不同目标字位置（前后字组各 2 组共 4 组）、不同组合实验（"中平—高平""高平—低平"共 2 组）条件，共得到 8 组数据。

本实验使用 Excel 和 SPSS20 软件对数据进行统计分析。

3. 实验结果和分析

3.1 辨认区分实验结果

根据辨认实验和区分实验结果，可以得出前字组 bs、dt 和后字组 dz、yd 四组实验各平调的辨认曲线、区分曲线和辨认反应时曲线，如图 6 所示：

通过辨认实验结果，我们可以发现前后字四组实验"中平—低平"中的中平调的最大辨认率其位置都不是在最大半音值处，且除了 dz 组之外，各组中平调的最大辨认率均未达到 100％；"高平—中平"的中平调，相较于 bs 组和 dz 组，dt 组和 yd 组在音高较低的刺激音处出现多处 100％的最大辨认率。

前后字四组辨认实验的边界宽度，bs 组和 dz 组较小，dt 组和 yd 组较大，尤其是 dt 组和 yd 组"中平—低平"辨认边界宽度，甚至达到整个调域的一半，虽然"中平—低平"辨认曲线出现了交叉，但是被试对边界宽度内刺激音的判断依旧较为模糊。

总体上来说，前后字四组的"中平—低平""高平—中平"辨认实验，其辨认边界位置与区分峰值位置呈现出对应的态势。值得一提的是，dt 和 yd 两组的区分曲线严格来说只有一处显著区分峰值，另

一处区分峰值仅为平缓的波峰，其中 dt 组的显著区分峰值位于 17—19st 端点刺激对处，yd 组的显著区分峰值位于 12—14st 刺激对处。

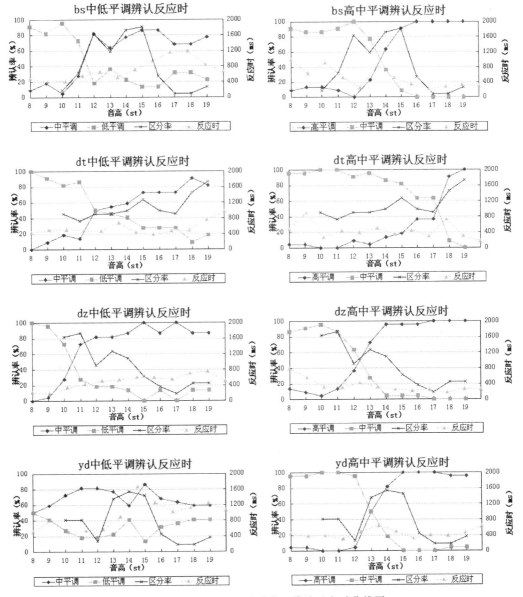

图 6　辨认曲线、区分曲线、辨认反应时曲线图

前后字四组辨认实验，"中平—低平"组的反应时总体上是呈现出递增的趋势，这是受"中平—低平"组实验无高平调选项引起的；"高平—中平"组的反应时总体上在辨认边界位置处会出现一个波峰，范畴内的刺激音被试能够很快进行判断，处在范畴边界的刺激音反应速度变慢。

3.2 性别因素分析

通过分析，我们发现性别因素对实验影响不大，男女实验结果与总的结果相差不大，这里不再赘述。

3.3 正反序因素分析

3.3.1 辨认实验结果

以 yd 组为例，图 7 是其正序和反序辨认曲线图。正反序因素对于辨认边界位置影响不大，其影响主要在于辨认曲线的平缓和陡峭程度。以"中平—低平"辨认曲线为例，各组反序的辨认曲线均表现为比

正序辨认曲线波折的态势，尤其是音高较高的刺激音处[1]，这或许与反序被试人数少有关。样本容量越大，其标准误就越小，离散程度越小；样本容量越小，其标准误就越大，离散程度越大（张厚粲、徐建平 2004）。正序组有 14 名被试数据而反序组中只有 8 名被试数据，这就导致反序的数据离散程度大，辨认曲线较正序组的波折大。

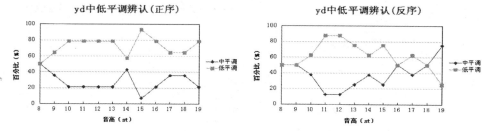

图 7　yd 组正序和反序辨认曲线图

3.3.2 区分实验结果

我们将前字组 bs、dt 和后字组 dz、yd 四组区分实验按刺激音对的音高及反应界面显示的正序和反序的区分率分别进行统计，可得出四组区分实验的不同区分曲线。

3.3.2.1 音高呈现顺序

刺激音播放顺序的不同会影响母语被试对于其区分效果。以 dt 组为例（见图 8），我们可以发现刺激对中，音高较低的刺激音在前要比音高较高的刺激音在前的刺激对区分率高。由于下倾的作用，被试在听到句末音节音高时，会进行感知补偿将目标字的音高提高，否则的话，被试很有可能会将目标字的音高辨认错误，辨认成音高低于说话者本想说的字的音高（Francis & Ciocca 2003）。这样，刺激音对中第二个刺激音原本在声学上音高是低的在进行感知补偿后音高增加，就减小了与第一个刺激音在听感上的差异，导致区分率下降。

3.3.2.2 反应界面显示顺序

总的来说，"不同—相同"组的区分率略高于"相同—不同"组，但是其具体表现不尽相同。以前字组 bs 和后字组 dz 为例（见图 9），前者在音高较低的刺激对处"不同—相同"组的区分曲线略高于"相同—不同"组，而在音高较高的刺激对

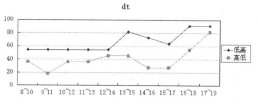

图 8　dt 组音高呈现顺序正反序图

处两组的区分曲线呈现交叉的态势，通过配对样本 T 检验发现二者的区分率并未表现出显著的差异性（t = 1.727，p = 0.115，df = 10）；dz 组的"不同—相同"组区分率则均大于或等于"相同—不同"组的，通过配对样本 T 检验发现二者的区分率表现出显著的差异性（t = 4.751，p = 0.001，df = 10）。事实上，dt 组和 yd 组的结果与 bs 组的大致相同，两条区分曲线多处相交，且通过配对样本 T 检验均未发现二者的区分率表现出显著的差异性。反应界面的显示顺序对于被试做出选择存在一定的影响，但是这种影响的程度是有限的。

---

1 "中平—低平"实验中并没有高平调的选项，当刺激音的音高超出中低平调的音高范畴时，辨认率会降低，图中中低平调辨认曲线相互交叉正是反映了这一点，说明被试在听到音高较高的刺激音时，不倾向于选择中低平调的任一选项，而是呈随机辨认态势（王士元、彭刚，2006）。

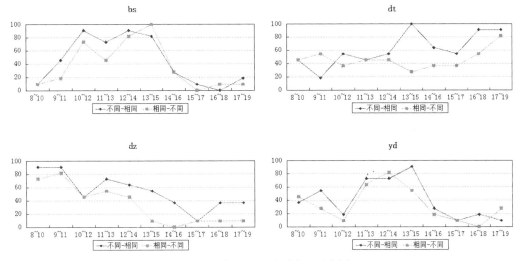

图 9 反应界面显示顺序正反序图

4. 影响听感范畴边界因素的讨论

根据 "中平—低平" 的辨认边界和 "高平—中平" 的辨认边界, 可以分别得出前后字四组的听感范围, 如图 10 所示:

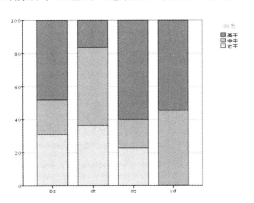

图 10 广州话双字组高中低平调听感范畴

从图中可以看出, 除 yd 组的低平调外, 各组实验中的高中低三个平调均有明显的听感边界和听感空间, 并且呈现出边界偏移的态势。边界偏移的出现, 主要有三方面的原因:

（1）参照字的调类。目标字在前时（前字对比组）, 参照字为高平调的目标字比参照字为中平调的, 更易感知为低平调和中平调。和参照字为中平调的目标字相比, 参照字为高平的, 中平调听感边界提高 17%, 高平调听感边界提高 32%。高调的背景更容易将嵌入的目标词感知为低调, 相反, 低调的背景更容易将目标词感知为高调（Lin & Wang 1984）。而且本文的研究进一步证明: 高调对于低调的反衬作用在参照字居后时更为显著, 但在参照字居前时相对较弱, 因为还会受到 "降阶" 的作用。

（2）降阶（downstep）机制。下倾（declination）和降阶属于人说话时的普遍现象, 它们都与人的发音生理密切相关, 前者是由说话时整体的气流机制决定的, 是全局性的; 后者是由于低音成分的介入而导致的声带振动频率的降低, 是局部的（王萍等 2014）。由于下倾的作用, 在对句末音节音高进行辨认时, 被试会将目标字的音高提高进行感知补偿, 否则的话, 被试很有可能会将目标字的音高辨认错误, 辨认成音高低于说话者本想说的字的音高（Francis & Ciocca 2003）。做一个假设性的举例, 原本声学上 8st 的刺激音, 经过听感补偿可能被听成 13st。同样以高调作为参照字, dt 组中低平调的听感范畴为 36.4%, 而 yd 组中的低平调其听感范畴为 0%,也就是说或许需要音高更低的刺激音被试才能将其判断为低平调,这正是受下倾机制影响造成的。

（3）协同发音的顺向同化作用。广州话发音前字对后字具有同化作用（Wong,2006），前字参照字的终点越低,后字被听成低平调的可能性越高,因为即使后字声调较高,听者也可能将其归结于从前字而来的协同发音。同样位于后字组,yd 组由于受下倾机制的影响,仅仅 8st,被试还不能完全将其辨认为低平调,而在 dz 组被试却完全能将其辨认为低平调,这要归结于前字低平调的顺向同化作用。同时,受到下倾机制作用,dz 组中低平调的听感范畴并不大,高平调则占据了相当大的部分达到了 60%。

5. 结语

本文采用"对角测试法/半空间测试法"（石锋等 待刊），通过"中平—低平"、"高平—中平"两组实验的听感界限考察,最终得到广州话各平调的听感空间。负载句中的两字组真词是声调存在的最简单、自然状态,将其作为听辨材料能够揭示母语者对于声调感知的真实处理过程和机制（王萍等 2014）。在双字词中,广州话高中低三个平调都具有明确的听感范畴,辨认边界和区分峰值存在明显的峰界对应。语境音高的对立参照、降阶机制、协同发音作用和参照距离等因素都会在一定程度上影响听感范畴的边界位置。

6. 致谢

本文在研究和写作过程中得到了石锋等先生的指导和帮助,又承蒙《中国语音学报》编辑部和匿名审稿专家提出修改意见,在此向各位先生表示诚挚的谢意。

参考文献

石锋、荣蓉、王萍、梁磊等:《汉语普通话阴平调的听感范畴》,2012 年,待刊。

张凌、陶建华、许小颖:《广州话入声字时长特性分析》,《第七届中国语音学学术会议暨语音学前沿问题国际论坛论文集》2006 年。

王萍、石锋、荣蓉等:《汉语普通话上声的听感范畴》,《中国语文》2014 年第 4 期, 第 359—370 页。

詹伯慧主编:《广东粤方言概要》,暨南大学出版社 2002 年版。

李书娴:《关于广州话阴去调和阳去调的听辨实验》,《方言》2008 年第 1 期, 第 34—39 页。

金健:《广州方言和东海方言平调的感知研究》,《方言》2010 年第 2 期, 第 145—155 页。

张厚粲、徐建平:《现代心理与教育统计学（修订版）》,北京师范大学出版社 2004 年版, 第 182—184 页。

谢郴伟、石锋、温宝莹:《广州话单字音平调听感实验初探》,《第十一届中国语音学学术会议论文集》2014 年。

王士元、彭刚:《语言、语音与技术》,上海教育出版社 2006 年版。

Bauer, R. S., Benedict, P. K. (1997) *Modern Cantonese phonology*, Berlin: Mouton de Gruyter.

Francis, A. L., Ciocca V. (2003) "Stimulus presentation order and the perception of lexical tones in Cantonese," *The Journal of the Acoustical Society of America*, Vol. 114 (3), pp. 1611—1621.

Gandour, J. (1981) "Perceptual dimensions of tone: Evidence from Cantonese," *Journal of Chinese Linguistics*, Vol. 9 (1), pp. 20—36.

Lin, T., Wang W. (1984) "Shengdiao ganzhi wenti [Perception of tones]," *Zhongguo Yuyan Xuebao* [*Bulletin of Chinese Linguistics*], Vol. 2, pp. 59—69.

Wong, P. C-M, Diehl R. L. (2009) "The effect of duration on the perception of Cantonese level tones," *The Journal of the Acoustical Society of America*, Vol. 106 (4), pp. 2150—

2150.

Wong，Y. W.（2006）"Contextual tonal variations and pitch targets in Cantonese," *Proceedings of speech prosody*，pp. 317－320.

Zheng，H.，Peng，G.，Tsang P W-M，et al.，（2006）"Perception of Cantonese level tones influenced by context position," 3rd International Conference on Speech prosody，Dresden，Germany.

谢郴伟　中国语言学会语音学分会会员。硕士研究生，南开大学汉语言文化学院，主要研究领域为实验语音学。
E-mail：hnczxiechenwei@163.com

温宝莹　南开大学汉语言文化学院副教授，主要研究方向为实验语音学、语言习得。
E-mail：hywby@nankai.edu.cn

梁嘉乐　硕士研究生，广东技术师范学院民族学院，主要研究领域为汉语方言及南方少数民族语言。
E-mail：gdliangjiale@163.com

普通话元音/a/和/ə/的听感边界初探

刘掌才　石　锋

摘　要　文章以普通话元音/a/和/ə/为研究对象，通过辨认实验和区分实验，探索单字音中/a/和/ə/的听感边界，并尝试从调类、测试界面正反序以及性别等角度进一步探究影响听感边界的因素。实验结果表明，普通话/a/和/ə/的听感边界是动态的，边界处F1值为600—682Hz，最小值在阳平，最大值在去声。同时，测试界面正反序和性别因素对其边界位置都有一定的影响，整体上反序的边界值大于相应的正序，女生的边界值大于相应的男生。对单字音中/a/和/ə/听感边界的考察是探索普通话元音孤立感知格局的重要组成部分。

关键词　元音，/a/和/ə/，单字音，听感边界，影响因素

A Study on Perceptive Boundary between /a/ & /ə/ in Mandarin

LIU Zhangcai　SHI Feng

Abstract The experiment is designed to study /a/ & /ə/ in monosyllable of standard Chinese and examine the perceptive boundary between /a/ & /ə/ by adopting identification and discrimination tests. The study also tries to find the factors in affecting the boundary position through tones, the displaying orders of options and genders. The results show that the perceptive boundary between /a/& /ə/ is dynamic, and the value of F1 between 600−682Hz, with the minimum value in Rising Tone, and the maximum value in Falling Tone. At the same time, the displaying orders and genders also play significant roles in affecting the perceptive boundary positions . As a whole, the boundary value of the antitone sequence is higher than that of the corresponding positive sequence, and the female's boundary value is more than the male's. This study is a part of an isolated perceptive pattern of vowels in Mandarin.

Key words Vowels, /a/&/ə/, Monosyllable, Perceptive boundary, Influential factors

1. 引言

国外关于元音感知的研究较早。Ladefoged & Broadbent（1957）以合成的英文词语 bit，bet，bat，but 为目标词语，将它们放在句子末尾处，并改变句中其他各元音的共振峰的频率，发现被试对目标词的识别情况会随着前句共振峰的变化而变化，即同一个词语 bit 在一种共振峰频率的语句中被感知 bit，却可能会在另一种共振峰频率的语句中被感知为 bet。该实验证明了语言环境的变化通过信息传递会对元音的感知具有一定的影响。

在此之后，比较典型的研究有 Fry et al.（1962）关于合成元音的辨认和区分实验。他们通过改变第一共振峰和第二共振峰（下文分别用 F1 和 F2 表示）合成了英语元音/i/、/ɛ/和/æ/三个音位的刺激音连续统，实验认为/i/、/ɛ/和/æ/这三个音位的感知是连续性的。

Stevens et al.（1969）研究了瑞典和英语的元音，其结果与 Fry et al.（1962）的结论趋向一致，即辨认曲线和区分曲线之间没有太大的关联，属于连续性范畴感知。

Pisoni（1973）重复了 Fry et al.（1962）的实验，并得出了与之一致的结论，即单元音为连续性范畴感知的。

相对于国外的元音听感研究，我们的研究目的不仅在判断其是离散性范畴感知

还是连续性范畴感知，而且要找到元音之间的听感边界并进一步探究影响听感边界的因素。对于国外的相关研究我们重在借鉴其方法。[1]

国内关于普通话元音声学格局的研究已经取得了一定的成果，如石锋（2002）考察了北京话的元音格局，石锋、王萍（2008）对北京话的一级元音进行了统计分析，石锋、孙雪（2009）把自然语言与国际音标元音进行了对比分析，石锋、王萍（2010）初步得出了元音的三维空间图，但是普通话元音的听感研究尚在起步阶段。较早的有研究有 Cheung Yuk-Man（2003）通过强制选择的辨认实验和区分实验，有计划地探讨了北京话舌尖元音/ʅ/和/ɿ/的感知征兆。实验表明，第三共振峰是两个舌尖元音感知中的重要征兆，同时在北京话舌尖元音的感知过程中，元音连续体产生非范畴性和非连续区分的特征。黄荣佼（2013）文章结论表明，汉语普通话/i/和/y/的听感边界是动态的，且边界位置受到母语背景、测试界面以及性别等因素的影响。

在普通话/a/和/ə/的听感实验中，我们的实验目的是找到单字音中/a/和/ə/的听感边界，并进一步考察影响其听感边界位置的因素。

2. 实验设计与说明

2.1 被试听辨人

本次实验的被试听辨人共 24 人，为北京十一中学的高二学生，男 12 人，女 12 人，听辨人母语均为北京话，基本不会其他的方言，没有听力、视觉障碍，右利手。实际有效数据 20 人，男女各半。

2.2 实验字表[2]

本次实验主要考虑单字音中的零声母字，带声母的情况受刺激音合成效果的影响暂不考虑。四个调类的字表见表 2—1。

表 2—1 各调类实验字

阴平	阳平	上声	去声
阿（姨）—婀（娜）	啊—俄	啊—恶	啊—饿

2.3 实验设备

实验录音在南开大学语音实验室完成。录音软件 Cooledit2.0，采样率 11025Hz，采样精度 16 位，单声道。听辨实验在北京十一中学安静的会议室进行，实验软件为 E-prime2.0。

2.4 刺激音合成[3]

刺激音的合成在 Praat 中进行，Praat 自编脚本由广东财经大学贝先明提供。刺激音音质来自一位男性发音人，发音人是北方人，普通话一级乙等，南开大学在校本科生。通过语图观察，/a/—/ə/的不同主要是 F1 的不同（以阴平为例，见图 2—1），我们分别测得四个调类/a/和/ə/的共

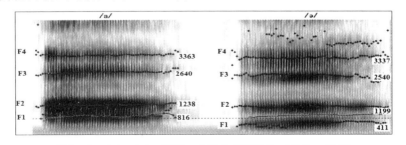

图 2—1 /a/—/ə/—阴平，主要共振峰对比（单位：赫兹）

---

1 关于本实验研究目的的表达引述自石锋（2014）在南开大学实验语言学沙龙上的发言。
2 本实验中/a/没有四声齐备的实验代表字，我们用"啊"代替。考虑到"啊"是语气词，没有严格意义上的声调只有语调，实验前要求发音人按照四声的类型练习并录音。
3 共振峰取值依据：一般参考各共振峰稳态段的中点。根据前人的研究并结合图 2—1 可知，/ə/的 F1 在声学上有一定的起伏，但考虑取值方法的一致性以及实际的合成效果，我们仍然取其稳态段的中点值。

振峰值,然后以/a/为刺激音的起点,通过不断改变 F1 的值从而合成/ə/。每个调类合成 9 个刺激,步长为 50Hz 左右,各成为语音连续统。F1 取值具体见表 2—2。

表 2—2 各调类合成的刺激音连续统（单位：赫兹）

调类	刺激 1	刺激 2	刺激 3	刺激 4	刺激 5	刺激 6	刺激 7	刺激 8	刺激 9
阴平	816	761	711	661	611	561	511	461	411
阳平	829	770	720	670	620	570	520	470	420
上声	806	754	704	654	604	554	504	454	404
去声	834	776	719	669	619	569	519	469	419

2.5 实验步骤

本实验使用 E-prime 软件进行刺激音播放和数据的采集。

实验分为辨认实验和区分实验。辨认实验（identification）是将刺激音以随机的次序播放给被试听,每次播放一个音,同时电脑屏幕上会显示两个选项,由被试通过相应的按键判断所听到的刺激音;区分实验（discrimination）是考察被试对同一连续统中的两个样本之间差异的区分能力。区分实验中,每次随机播放一对刺激音,同时电脑屏幕上会显示相同和不同两个选项,被试根据听音情况作出相应的按键选择。刺激对之间的关系有三种情况:一是两个刺激是同一个刺激,如刺激 1 和刺激 1 一对,刺激 2 和刺激 2 一对;二是两个刺激是不同的刺激,相差 2 个步长,如刺激 1 和刺激 3,刺激 2 和刺激 4;三是两个刺激是不同的刺激,同样是相差 2 个步长,但是刺激呈现的顺序与二的情况不同,如刺激 3 和刺激 1 一对,刺激 4 和刺激 2 一对。在本实验中,辨认实验刺激音脚本 36 个,区分实验刺激音脚本 92 个。

根据测试界面的不同,辨认实验和区分实验又各分为正序和反序两种情况。辨认实验中,/a/音在前我们默认为正序,/ə/音在前为反序;区分实验中,相同在前为正序,不同在前为反序,见图 2—2a 至 2—2d:

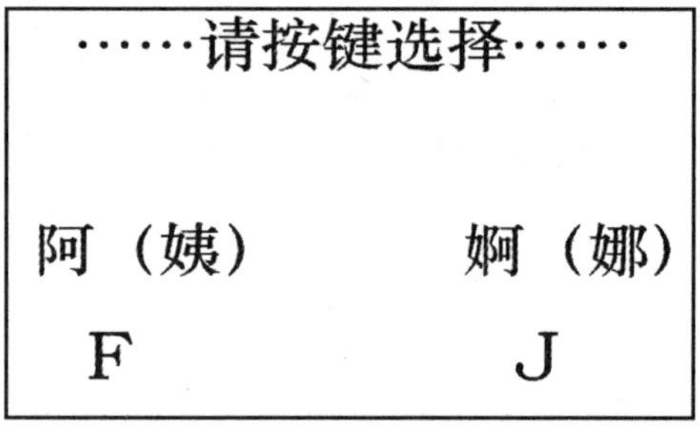

2.6 术语说明

在后文的实验分析部分涉及听感实验的一些专业术语,特加以说明。

图 2—2a /a/—/ə/辨认实验—阴平—正序

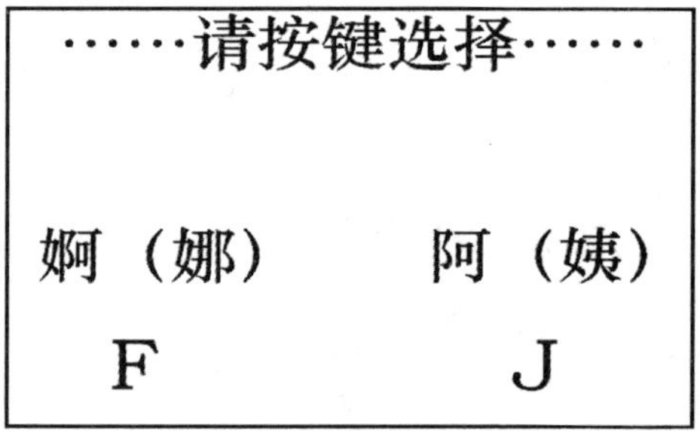

图 2—2b /a/—/ə/辨认实验—阴平—反序

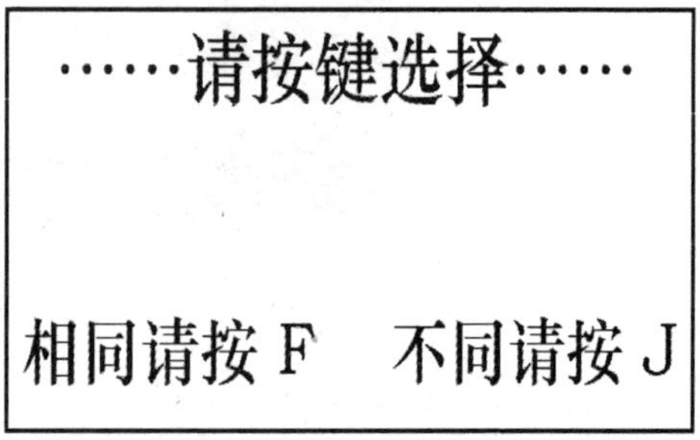

图 2—2c /a/—/ə/区分实验—正序

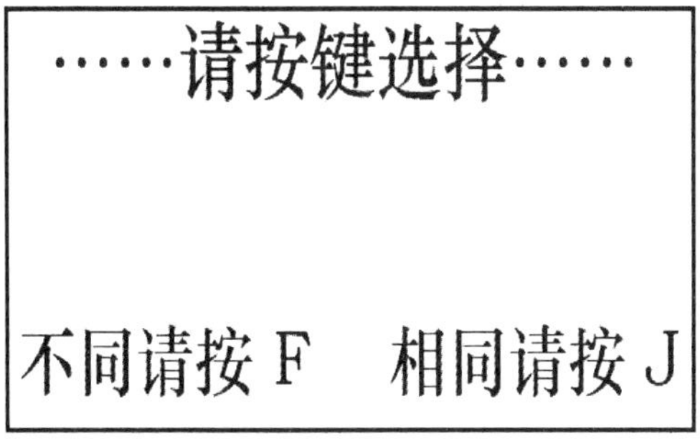

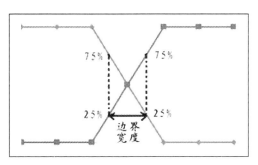

图 2—2d /a/—/ə/区分实验—反序

听感边界：在辨认实验中，两条辨认曲线相交于 50％所在的位置就是辨认实验的听感边界，该位置所对应的变量值（如本实验中的 F1 值）即听感边界值。

边界宽度：在边界位置两侧，辨认率达到 25％至 75％的变量值区间范围就是边界宽度，本实验中即 F1 的区间范围值。见图 2—3。

图 2—3 边界宽度示意图

界前曲线和界后曲线：在辨认实验中，在听感边界之前的辨认曲线为界前曲线，在听感边界之后的辨认曲线为界后曲线。

界前和界后分离度：界前和界后的分离度一般在辨认曲线的曲线开口和末尾处测得，即界前曲线和界后曲线的最大辨认率。

目标字的感知范围：在辨认实验中，本实验的目标字的感知范围指的是感知为目标字的 F1 范围占/a/—/ə/构成的整体 F1 区间的百分比。见图 2—4。

区分峰值：在区分实验中，区分曲线

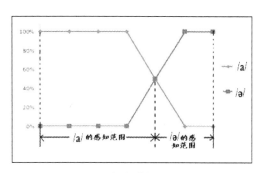

图 2—4 目标字感知范围示意图

上出现的最显著的峰值，即正确率最大值，用百分比的形式表示。

3. 实验结果及对比分析

下文分别从调类、测试界面正反序和性别等角度对/a/和/ə/的听辨结果进行分析。

3.1 调类对/a/—/ə/听辨的影响

根据听辨实验的结果分成阴平、阳平、上声和去声四个调类分别作出辨认曲线和区分曲线进行分析。

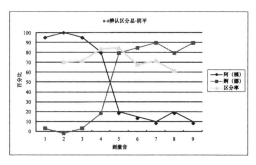

图 3—1 /a/—/ə/辨认区分总—阴平

注：图中带菱形曲线为/a/的辨认曲线；带正方形曲线为/ə/的辨认曲线；带三角形曲线为区分率曲线。下同。

图 3—1 是/a/—/ə/辨认区分总曲线图—阴平。如图所示，辨认边界位置出现在刺激 4 和刺激 5 之间，边界处的 F1 值为 636Hz，边界宽度为 42Hz。界前界后的曲线波动较为平缓，界后的曲线波动稍大于界前，边界处有明显的陡升陡降趋

65

势，界前界后的分离度分别为100%—90%，界前最大分离度未出现在首点位置。/a/的感知范围为44%，/ə/的感知范围为56%。/a/—/ə/区分峰值出现在4—6刺激对处，区分峰值为85%。

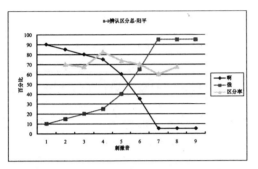

图3—2 /a/—/ə/辨认区分总—阳平

图3—2是/a/—/ə/辨认区分总曲线图—阳平。如图所示，辨认边界位置出现在刺激5和刺激6之间，边界处的F1值为600Hz，边界宽度为133Hz。界前的曲线波动较为平缓，界后刺激6和刺激7处有一个陡升，然后呈水平走势，边界处有明显的陡升陡降趋势，界前界后的分离度分别为90%—95%。/a/的感知范围为56%，/ə/的感知范围为44%。/a/—/ə/区分峰值出现在3—5刺激对处，区分峰值为83%。

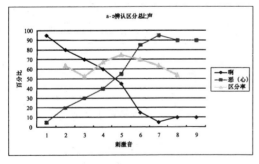

图3—3 /a/—/ə/辨认区分总—上声

图3—3是/a/—/ə/辨认区分总曲线图—上声。如图所示，辨认边界位置出现在刺激4和刺激5之间，边界处的F1值为621Hz，边界宽度为158Hz。界前界后的曲线波动都较大，边界处有明显的陡升

陡降趋势，界前界后的分离度同为95%，界后最大分离度未出现在尾点位置。/a/的感知范围为46%，/ə/的感知范围为54%。/a/—/ə/区分峰值出现在4—6刺激对处，区分峰值为75%。

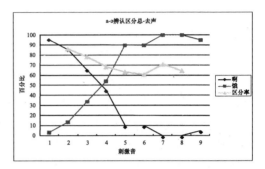

图3—4 /a/—/ə/辨认区分总—去声

图3—4是/a/—/ə/辨认区分总曲线图—去声。如图所示，辨认边界位置出现在刺激3和刺激4之间，边界处的F1值为682Hz，边界宽度为112Hz。界前曲线较为陡直，界后曲线整体较为平缓，边界处有明显的陡升陡降趋势，界前界后的分离度分别为95%—100%，界后最大分离度未出现在尾点位置。/a/的感知范围为37%，/ə/的感知范围为63%。/a/—/ə/区分峰值出现在1—3刺激对处，区分峰值为86%。

表3—1是/a/—/ə/辨认区分曲线四个调类相关数值的对比。由上表可知，/a/—/ə/辨认曲线边界大致位于刺激4和刺激5左右，边界值为600—682Hz，最小值在阳平，最大值在去声。边界宽度范围为42—158Hz，阳平、上声和去声的较为接近，阴平边界宽度为42Hz与前面的三个调类有显著的差距，也就是说，相对于其他三个调类，阴平在更小的F1范围内实现了前后字边界的过渡；目标字的感知范围，除阳平外，其余三个调类的/a/感知范围都小于/ə/；界前界后的最大分离度都在90%以上，但最大分离度不一定在首尾点处；去声的区分峰值位置最靠前，阳平次之，阴平和上声最靠后，四个调类的区分峰值为75%—86%，上声的区分峰值最小，其余三个调类峰值接近。

表 3—1 /a/—/ə/辨认区分曲线四个调类对比

调类	边界 位置	边界值 （Hz）	边界宽度 （Hz）	目标字 感知范围 (/a/—/ə/)	界前/界后 分离度	区分峰值 位置	区分 峰值
阴平	刺激 4—5 之间	636	42	44％—56％	100％—90％	4—6 刺激对处	85％
阳平	刺激 5—6 之间	600	133	56％—44％	90％—95％	3—5 刺激对处	83％
上声	刺激 4—5 之间	621	158	46％—54％	95％—95％	4—6 刺激对处	75％
去声	刺激 3—4 之间	682	112	37％—63％	95％—100％	1—3 刺激对处	86％

3.2 测试界面对/a/—/ə/听辨的影响

根据听辨实验的结果分成正序和反序分别作出辨认曲线和区分曲线进行分析。

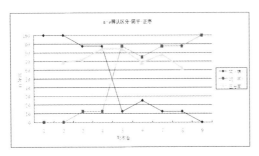

图 3—5A /a/—/ə/辨认区分曲线—
阴平—正序

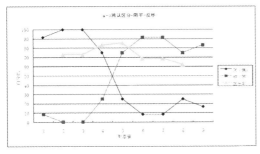

图 3—5B /a/—/ə/辨认区分曲线—
阴平—反序

图 3—5A 和 3—5B 是/a/—/ə/辨认区分曲线不同测试界面—阴平的结果对比。阴平，正反序的辨认边界位置，边界值一致，/a/的听感范围都小于/ə/；边界宽度正序比反序小 17 Hz，正序在更小的 f1 的范围内，辨认曲线从 25％上升到了 75％

（或者从 75％下降到 25％）；反序界后的分离度小于正序；正序在两个位置出现区分峰值，其中 4—6 刺激对与反序峰值的位置一致，正反序峰值分别为 84％ 和 85％，差别不大。

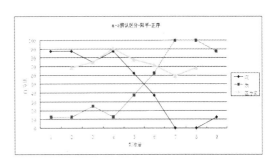

图 3—6A /a/—/ə/辨认区分曲线—
阳平—正序

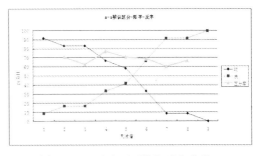

图 3—6B /a/—/ə/辨认区分曲线—
阳平—反序

图 3—6A 和 3—6B 是/a/—/ə/辨认区分曲线不同测试界面—阳平的结果对比。阳平，正反序的辨认边界位置一致，边界值相差 8 Hz，/a/的听感范围都大于/ə/；边界宽度正序比反序小 50Hz；正序界前

的分离度小于反序；正反序区分峰值都出现在 3—5 刺激对处，峰值分别为 91％和 77％，相差 14 个百分点。

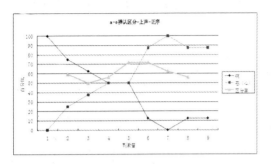

图 3—7A　/a/—/ə/辨认区分曲线—
上声—正序

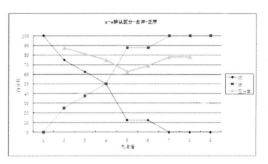

图 3—8A　/a/—/ə/辨认区分曲线—
去声—正序

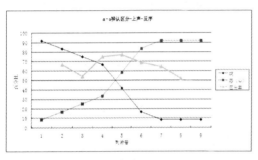

图 3—7B　/a/—/ə/辨认区分曲线—
上声—反序

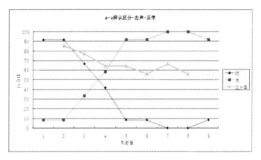

图 3—8B　/a/—/ə/辨认区分曲线—
去声—反序

图 3—7A 和 3—7B 是/a/—/ə/辨认区分曲线不同测试界面—上声的结果对比。上声，正序的辨认边界不是一个点而是一个边界带，为 654—604Hz，反序的边界值 621Hz，在正序边界带的范围内；不论是正序还是反序，/a/的感知空间都小于/ə/；边界宽度正序比反序大 50Hz；正序界前界后最大分离度都达到 100％，反序界前界后最大分离度为 92％；正序区分峰值都出现在 4—6 和 5—7 刺激对两处，反序为 4—6 刺激对处，峰值分别为 72％和 77％，相差 5 个百分点。

图 3—8A 和 3—8B 是/a/—/ə/辨认区分曲线不同测试界面—去声的结果对比。去声，正序的辨认边界在刺激 4 处，反序的边界在刺激 3—4，边界值相差 13Hz；不论是正序还是反序，/a/的感知空间都小于/ə/；边界宽度正序比反序大 46Hz；

正序界前界后最大分离度都达到 100％，反序界前最大分离度为 92％，小于正序的界前；正反序区分峰值都出现在 1—3 刺激对处，峰值分别为 88％和 85％，相差 3 个百分点。

由表 3—2 可知，整体上四个调类正序的边界范围为 595—669Hz，反序的边界值范围为 603—686Hz，阳平和去声正序的边界值都小于反序，阴平的正反序边界值相等，上声反序的边界值包含在正序边界值范围之中；四个调类正序的边界宽度为 33—183Hz，反序的边界宽度为 50—142Hz，阴平和阳平正序的边界宽度小于相应的反序，上声和去声正序的边界宽度大于相应的反序，整体上看，阴平的正反序边界宽度都远小于其余的三个调类，阴平在更小的 F1 的范围类实现了/a/到/ə/的边界过渡；阳平不论正反序前字的感知范围都大于后字，其余三个调类都是后字大于前字；同一个调类内，正反序之间的区分峰值位置基本一致，正序四个调类区

分峰值在 72%—91%,反序四个调类区分峰值为 77%—85%,除阳平正反序的区分

峰值相差 14 个百分点外,其余的三个调类正反序之间的区分峰值都相差不大。

表 3—2 /a/—/ə/听辨不同测试界面四个调类的结果对比

调类		边界位置	边界值（Hz）	边界宽度（Hz）	目标字感知范围（/a/—/ə/）	界前/界后分离度	区分峰值位置	区分峰值
阴平	正序	刺激 4—5 之间	636	33	44%—56%	100%—100%	3—5,4—6 刺激对处	84%
	反序	刺激 4—5 之间	636	50	44%—56%	100%—91%	4—6 刺激对处	85%
阳平	正序	刺激 5—6 之间	595	92	57%—43%	88%—100%	3—5 刺激对处	91%
	反序	刺激 5—6 之间	603	142	55%—45%	92%—100%	3—5 刺激对处	77%
上声	正序	刺激 4 和 5 处	654—604 之间	183	38%—50%	100%—100%	4—6,5—7 刺激对处	72%
	反序	刺激 4—5 之间	621	133	46%—54%	92%—92%	4—6 刺激对处	77%
去声	正序	刺激 4 处	669	140	40%—60%	100%—100%	1—3 刺激对处	88%
	反序	刺激 3—4 之间	686	94	36%—64%	92%—100%	1—3 刺激对处	85%

3.3 性别对/a/—/ə/听辨的影响

根据听辨实验的结果分成男生和女生分别作出辨认曲线和区分曲线进行分析。

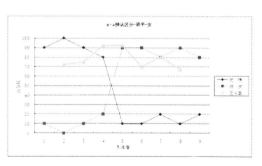

图 3—9B /a/—/ə/辨认区分曲线—阴平—女

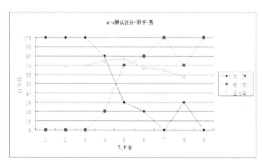

图 3—9A /a/—/ə/辨认区分曲线—阴平—男

图 3—9A 和 3—9B 是/a/—/ə/辨认区分曲线—阴平不同性别之间的结果对比。阴平,男女的边界位置都出现在 4—5 刺激之间,边界值相差 9Hz,男生的边界宽度比女生大 34 Hz,男生在更大的 F1 的范围内,辨认曲线从 25% 上升到了 75%（或者从 75% 下降到 25%）;不论男女/a/

的感知范围都小于/ə/;女生界后的分离度小于男生;女生出现两个区分峰值,其中刺激对 4—6 与男生一致,男生区分峰值比女生小 15 个百分点。

图 3—10A 和 3—10B 是/a/—/ə/辨认区分曲线—阳平不同性别之间的结果对比。阳平,男生的边界位置出现在 5—6 刺激之间,女生边界位置在刺激 5 处,边界值相差 25Hz,男生的边界宽度比女生小 116Hz;不论男女/a/的感知范围都大于/ə/;女生界前的分离度小于男生;男女生的区分峰值都出现在 3—5 刺激对处,

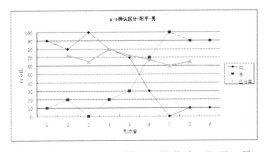

图 3—10A　/a/—/ə/辨认区分曲线—阳平—男

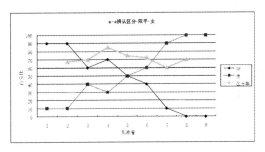

图 3—10B　/a/—/ə/辨认区分曲线—阳平—女

区分峰值相差 5 个百分点。

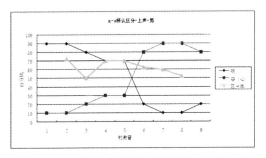

图 3—11A　/a/—/ə/辨认区分曲线—上声—男

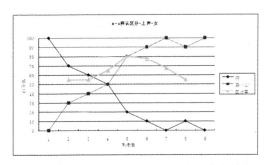

图 3—11B　/a/—/ə/辨认区分曲线—上声—女

图 3—11A 和 3—11B 是/a/—/ə/辨认

区分曲线—上声不同性别之间的结果对
比。上声,男生的边界位置出现在 5—6
刺激之间,女生边界位置在刺激 4 处,边
界值相差 70Hz,男生的边界宽度比女生
小 30 Hz;男生/a/的感知范围都大于/ə/,
女生前字的感知范围小于后字;女生界前
的分离度都大于男生;男生的区分峰值出
现在 1—3 刺激对处,女生区分峰值出现
在 4—6 刺激对处,区分峰值相差 7 个百
分点。

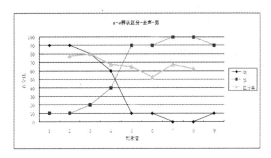

图 3—12A　/a/—/ə/辨认区分曲线—去声—男

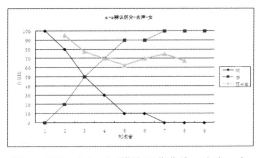

图 3—12B　/a/—/ə/辨认区分曲线—去声—女

图 3—12A 和 3—12B 是/a/—/ə/辨认
区分曲线—去声不同性别之间的结果对
比。去声,男生的边界位置出现在 4—5
刺激之间,女生边界位置在刺激 3 处,边
界值相差 60Hz;男生的边界宽度比女生
小 37Hz;男女生/a/的感知范围都大于/
ə/;女生界前的分离度都大于男生;男生
的区分峰值出现在 2—4 刺激对处,女生
区分峰值出现在 1—3 刺激对处,区分峰
值相差 15 个百分点。

表3—3 /a/—/ə/听辨不同性别四个调类的结果对比

调类		边界位置	边界值（Hz）	边界宽度（Hz）	目标字感知范围（/a/—/ə/）	界前/界后分离度	区分峰值位置	区分峰值
阴平	男	刺激4—5之间	631	70	46%—54%	100%—100%	4—6刺激对处	78%
	女	刺激4—5之间	640	36	43%—57%	100%—90%	3—5，4—6刺激对处	93%
阳平	男	刺激5—6之间	595	84	57%—43%	100%—100%	3—5刺激对处	80%
	女	刺激5处	620	200	51%—49%	90%—100%	3—5刺激对处	85%
上声	男	刺激5—6之间	584	120	55%—45%	90%—90%	1—3刺激对处	73%
	女	刺激4处	654	150	38%—62%	100%—100%	4—6刺激对处	80%
去声	男	刺激4—5之间	659	73	42%—58%	90%—100%	2—4刺激对处	80%
	女	刺激3处	719	110	28%—72%	100%—100%	1—3刺激对处	95%

如表3—3所示，整体上看四个调类，男生的边界值范围为584—659 Hz，女生的边界值范围为620—719 Hz，男生阴平的边界宽度大于女生，其余三个调类男生的边界宽度都小于女生，值得一提的是，四个调类边界宽度的最小值，不论男女都在阴平，而男女生边界宽度的最大差值出现在阳平，相差116 Hz；阴平和去声不论男女前字的感知范围都小于后字，阳平男女生/a/的感知范围都大于/ə/，差别最大的在上声，男生前字的感知范围大于后字，女生前字的感知范围小于后字；阴平和阳平中，男女生区分峰值位置基本一致，上声中，男生的峰值位置比女生靠前，去声中男生的峰值位置比女生靠后；四个调类中，男生的区分峰值为73%—80%，女生的区分峰值为80%—95%，且男生的区分峰值都小于女生。

4. 小结

通过单字音中普通话元音/a/—/ə/辨认和区分实验，以及从多个角度的对比分析，我们初步得出如下结论：

（一）综合四个调类的情况，/a/—/ə/

辨认曲线边界处的F1值为600—682Hz，最小值在阳平，最大值在去声。为了更直观的显示边界值在刺激音连续统中所处的位置，我们用图表辅助说明。见图4—1至4—4。以图4—1阴平为例，/a/—/ə/听感边界交点处F2：1238Hz，F1：636Hz，/a/的感知范围44%，/ə/的感知范围56%，图4—2至图4—4以此类推。

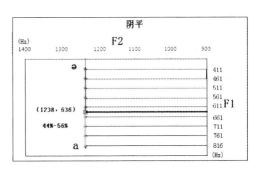

图4—1 /a/—/ə/听感边界在刺激音连续统中的位置—阴平

图4—5显示的是/a/—/ə/四个调类听感边界值归一化、相对化后的百分比值。考虑到制图的因素，我们把F2值也进行了归一化和相对化的处理，如图所示，相对化后的F2值为33%，各调类边界值F1

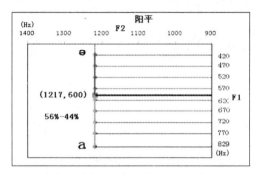

图 4—2 /a/—/ə/听感边界在刺激音连续统中的位置—阳平

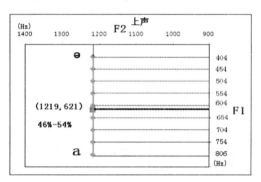

图 4—3 /a/—/ə/听感边界在刺激音连续统中的位置—上声

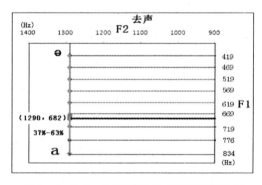

图 4—4 /a/—/ə/听感边界在刺激音连续统中的位置—去声

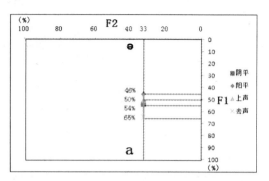

图 4—5 /a/—/ə/四个调类听感边界值的百分比

范围相差最大，为 26％。见图 4—6，图中的数字表示/a/的感知范围。

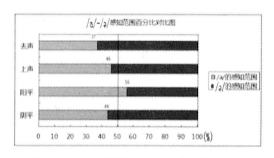

图 4—6 四个调类/a/—/ə/感知范围对比

（三）四个调类的区分峰值为 75％—86％，上声的区分峰值最小，为 75％，其余三个调类峰值接近。

（四）测试界面的影响：整体上反序的边界值大于相应的正序，同一个调类内部，正反序之间边界值有一定的差距，阴平的差值为零，去声正反序边界值的差值为 17Hz,；正反序的边界宽度没有呈现出明显的规律，阴平的正反序边界宽度都远小于其余的三个调类，阴平在更小的 F1 的范围类实现了/a/到/ə/的边界过渡。我们对不同测试界面的边界值和边界宽度分别进行了配对样本 T 检验，结果显示不同测试界面的边界值和边界宽度在统计上都没有显著差异。（P 值分别为 0.486 和 0.786，显著性水平为 0.05）。同一个调类内，正反序之间的区分峰值位置基本一致，除阳平正反序的区分峰值相差 14 个百分点外，其余的三个调类正反序之间的

的相对百分比值分别为，阴平 54％，阳平 46％，上声 50％和去声 65％。

（二）/a/—/ə/的感知范围：阴平、上声和去声/a/感知范围都小于/ə/，阳平的反之；阴平、阳平和上声/a/—/ə/的感知范围差值较为接近，去声前后字的感知

区分峰值都相差不大。

性别因素的影响：整体上看，四个调类女生的边界值大于相应的男生；除阴平外，女生的边界宽度都大于男生。我们对男、女生的边界值和边界宽度分别进行了独立样本 T 检验，结果显示男生和女生的边界值和边界宽度在统计上都没有显著差异。（P 值分别为 0.186 和 0.347，显著性水平为 0.05）。四个调类中，男生的区分峰值为 73%—80%，女生的区分峰值为 80%—95%，且男生的区分峰值都小于女生。

5. 结语

在普通话元音听感研究中，实验字表的设计分为单字音和双字音，单字音实验是孤立感知，双字音实验是连续感知，孤立感知是连续感知的基础，连续感知是听感研究的目标。[1]

本文通过对单字音中/a/和/ə/听感边界的实验研究，初步得出其听感边界整体上是一个动态的区间，F1 值为 600—682Hz，归一化和相对化之后，各调类听感边界值的百分比值由小到大依次为阳平 46%，上声 50%，阴平 54% 和去声 65%；同时考察了测试界面正、反序和性别等因素对听感边界、边界宽度、目标字感知范围和区分峰值的影响。对单字音中/a/和/ə/听感边界的考察是探索普通话元音孤立感知格局的一个重要组成部分，也为进一步探索普通话元音连续感知格局奠定了基础。

6. 讨论

从我们实验的结果分析，在/a/和/ə/的听感实验中，整体上，不同调类对其听感边界都有一定的影响，这些差异背后的语言学意义是什么？还有待我们进一步考察。另外，我们也考察了两个非语言学因素——测试界面和性别，结论显示二者边界值和边界宽度在统计上并没有显著差异，

即测试界面和性别对边界值和边界宽度都没有显著的影响。

7. 致谢

本研究得到国家社会科学基金重大项目："普通话语音标准声学和感知参数数据库建设"（13&ZD134）的资助，为其阶段性成果之一。同时，感谢匿名评审专家的宝贵意见。

参考文献

Ladefoged，P.，Broadbent，D. E.（1957）"Information conveyed by vowels"，*J. Acoust. Soc. Ame R*，1957，29：98—104.

Fry，D. B.，Abramson，A. S.，Eimas，P. D. et al.（1962）"The identification and discrimination of synthetic vowels"，*Language and Speech*，Vol. 5，1962，171—189.

Stevens，K. N.，Liberman，A. M. et al.（1969）"Crosslanguage study of vowel perception"，*Language and Speech*，1969，12，1—23.

Pisoni，D. B.（1973）"Auditory and phonetic memory codes in the discrimination of consonants and vowels"，*Perception & Psychophysics*，1973，13：253—260.

石锋：《北京话的元音格局》，《南开语言学刊》2002 年第 00 期。

石锋、王萍：《北京话一级元音的统计分析》，《中国语音学报》2008 年第 1 期。

石锋、孙雪：《自然语言与国际音标元音的对比分析》，《南开语言学刊》2009 年第 2 期。

石锋、王萍：《元音的三维空间》，《当代语言学》2010 年第 3 期。

Cheung Y-M（张玉敏），"The Influence of acoustic Properties on Perception of apical Vowels in Beijing Mandarin，"第六届全国现代语音学学术会议论文集（上），2003 年。

---

1 关于孤立感知与连续感知的表述为石锋（2014）在南开大学实验语言学沙龙上的发言。

中国语音学报 第 5 辑，2015 年，北京

黄荣佼：《汉语普通话元音/i/和/y/的听感实
　　验》，南开大学硕士学位论文，2013 年。

刘掌才　男，中国语言学会语音学分会会员。南
　　开大学文学院博士研究生，主要研究领
　　域为实验语言学。
　　E-mail：zhangcailiu@163.com

石　锋　男，中国语言学会语音学分会会员。南
　　开大学文学院、北京语言大学语言科学
　　院，教授、博士生导师。主要研究领域
　　为实验语言学、语言演化、语言病理、
　　语言接触以及语言习得。
　　E-mail：shifeng@nankai.edu.cn

安多藏语塞音的 VAT 研究

桑 塔 姚 云 兰正群

摘 要 VAT（Vocal Attack Time）是指声带开始抖动到声带接触的时间，主要分析嗓音起始端的特征，是通过 SP 和 EGG 两路信号的时间差计算。本文考察了 VAT 与藏语安多语的塞音之间的相关性。最后的数据显示，清送气多半是正值；清不送气的声带开始振动和到声带接触几乎是同时的。浊音的 VAT 多半为负值，且其值较大，这说明在嗓音的起始端声带有一个长时间的闭合。同时，浊音的一部分 VAT 与清送气重合，这一点有可能是许多语言或方言塞音清化的一个生理基础。

关键词 嗓音，发声类型，VAT，藏语，塞音

VAT Measurement of Am-do Tibetan Plosives.

Sangta，YAO Yun，LAN Zhengqun

Abstract Vocal attack time(VAT) is the time lag between the growth of the sound pressure signal and the development of the physical contact of vocal folds at the vocal initiation，which can be calculated with the sound pressure(SP) and electroglottograph(EGG) parameters. By measuring the relation between VAT and Amdo Tibetan plosives，the study reveals that most voiceless aspirated sounds have positive values，as vocal folds start vibrating at the same time of their physical contact. While voiced sounds have negative and large values，indicating the long closure of vocal folds at the beginning of the voice. In the meantime，part VAT of the voiced sound is overlapped with the voiceless aspirated token，which could be a physiological trigger of devoicing in certain languages or dialects.

Key words Voice，Phonation，VAT，Tibetan，Plosives

1. 引言

1.1 VAT 的提出

在病因学里，嗓音的起始特征是一项重要的研究内容。一般情况下嗓音的起始特征分为两个阶段：1）发声调整阶段，包括肌肉一定的紧张度、闭合以及气压方面的调整；2）接触阶段，包括声带抖动的 起 始 和 声 音 的 产 生（Orlikoff et al. 2009）。其中第二个阶段是嗓音起始特征重要的内容。为了比前人更加客观地观察和研究嗓音起始的状态，嗓音医生 Baken 和他的同事（2007）通过同步的声音信号（SP）和声门阻抗信号（EGG）提出了一套计算 VAT（Voice Attack Time）的

非侵入型的方法。所谓的 VAT 就是声带最初开始抖动到两片声带接触的时间间隔，一般以毫秒为单位。这里所谓的抖动是指声带并没有完全接触之前的波动。VAT 的值可以是正的，也可以是负的或者是零。在他们通过对美国人 VAT 的测量后，把嗓音的起始状态分为三种，即软启动、正常启动和硬启动。

1.2 VAT 的研究

这种方法提出以后，人们从不同的角度和目的进行了一些研究。Roark 等人（2012）测量了健康的年轻人最自然的音高和音强状态下的 VAT 后，发现性别间的 VAT 有显著的差异，即女性的 VAT 要比男性的小，并且 25—29 岁男性的

VAT 最大。Watson 等人（2013）研究了声带振动的频率和 VAT 之间的关联后，发现高频条件下的 VAT 值要比中频和低频的要小，中频和低频之间的 VAT 值没有显著差异。

在语言学研究方面，Estella（2011）等人观测了粤语中声调对于 VAT 的影响。发现了 VAT 在性别间的差异，即女性的 VAT 值要比男性的小，这与 Roark et al.（2010）的结论相吻合。在音位层面上，粤语的两组调类有显著的不同，即三个平声调（level tone）的 VAT 要比和三个曲拱调（contour tone）的要小。在普通话的研究方面，潘晓声和孔江平（2008）研究了汉语普通话零声母的嗓音起始状态和 VAT，发现普通话零声母音节的中低元音的 VAT 大多小于 2，而高元音起始的零声母的 VAT 大多大于等于 2。这说明中低元音在嗓音起始时声带紧张一点，而高元音相对较松弛一点。

上述这些 VAT 方面的研究没有涉及发音方法对 VAT 的影响。藏语安多方言塞音根据不同的发音方法可以分为送气、不送气和浊音。本文主要去探讨这三组辅音的 VAT 及其相关的问题。

2. 实验方法

2.1 词表

根据塞音的发音方法，本文的实验词表由五组单音节词组成，具体是清不送气、清送气和浊音，其中不送气可以分为单辅音和复辅音，复辅音指主要辅音加前置辅音/h−/。浊塞音也可以分为单辅音和复辅音，其中复辅音指主要辅音加前置辅音/n−/。本文将要论述的复辅音的 VAT 指的是复辅音中主要辅音的 VAT。所以，根据这些特征可以把塞音分为单浊塞音、复浊塞音、单送气塞音、单不送气塞音、复不送气塞音。每一组塞音选了 40 个左右的词，由于数量较多，所有的词项不在此一一列举。同时，这些塞音在发音部位上可以分为三种，分别是双唇、齿龈和舌根（具体见表 1）

表 1　　　　实验词表的分类

发音方法		发音部位			例词
		双唇	齿龈	舌根	
清	不送气（单）	p	t	k	[ta] 现在
	不送气（复）	^{h}p	^{h}t	^{h}k	[^{s}tax] 老虎
	送气	p^h	t^h	k^h	[p^{h}o] 男性
浊	单	b	d	g	[ga] 高兴
	复	^{n}b	^{n}d	^{n}g	[^{n}ba] 羊叫

2.2 信号采集

本次测量的数据来源于青海省同仁县的 29 岁的安多藏语母语者，并且没有（过）任何言语产生、感知方面的障碍。语音信号（SP）是用 SONY ECM−44B 话筒录制，采样频率为 44kHZ，采样精度为 16 位；声门阻抗信号（EGG）是由 Kay 公司制造的 Real-Time EGG Analysis（型号 5138）采集。

2.3 步骤

首先，同步的语音信号和 EGG 信号在北京大学语言实验室录制。然后通过 SP 和 EGG 的时间差，用全自动的方法计算 VAT 数据（Orlikoff et al. 2007）。同时，计算出 FOM（Figure of Merit）来检测其 VAT 的有效性。FOM 值越接近于 1 说明 VAT 越可靠，低于 0.75 的 VAT 一般被视为无效（Roark et al. 2010）。FOM 值不会大于 1。最后观察有效地 VAT 值和不同塞音之间的关系。

3. 结果与分析

表 2 列出了五组词的 VAT 值（包括

均值、范围以及中位数)、FOM 值(包括均值和中位数)以及基频(包括均值和范围)。

3.1 复辅音的 VAT 分析

不送气塞音和浊塞音分别有单辅音和复辅音的对立。不送气塞音的复辅音由主要辅音带前置辅音/h/组成。通过数据可以看出,包括复辅音在内的所有的不送气塞音的 FOM 的均值是 0.99,中位数是 0.98,说明其 VAT 值是很可靠的。

表 2   安多藏语塞音的 VAT 值、FOM 值和基频数据

		清			浊	
		送气	不送气(单)	不送气(复)	单辅音	复辅音
词项数		46	63	83	63	59
VAT	均值(SD)	7.92 (6.52)	−0.75 (2.11)	0.5 (2.2)	−82.05 (79.55)	−66.11 (78.52)
	范围	−1.68 to 30.11	−6.49 to 2.54	−3.83 to 5.28	−174.79 to 17.53	−179.96 to 12.36
	中位数	5.4	−0.7	0.62	−127.075	3.65
FOM	均值(SD)	0.99 (0.02)	0.99 (0.01)	0.99 (0.02)	0.83 (0.09)	0.84 (0.08)
	中位数	0.99	0.97	0.98	0.84	0.83
F0	均值(SD)	165 (8.04)	170 (16)	175 (14)	112 (13)	122 (15)
	中位数	167	172	178	107.81	117.99

单辅音的 VAT 的范围在 −6.49 到 2.54 毫秒之间,而复辅音的 VAT 在 −3.83 到 5.28 之间。虽然它们彼此的范围有所偏移,但是它们的中位数都是接近于 0 的。因此,不送气的单辅音和复辅音之间是没有显著差异的。这一点通过图 1 可以看得更直观。不送气的单辅音和复辅音的 VAT 是相互重合的,说明不送气塞音的前置辅音/h/对于 VAT 是没有影响的。

浊塞音的复辅音可以带一个前置鼻音/n/,其单辅音的 VAT 的范围在 −174.79 到 17.53 毫秒之间,复辅音分布在 −179.96 到 12.36 毫秒之间。很明显它们的 VAT 也是完全重合的。这也跟前面的情况是相同的,说明浊塞音的前缀/n/同样对其 VAT 也没有任何影响。因此,当我

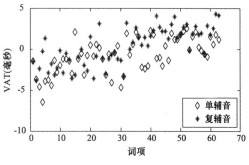

图 1   不送气塞音的 VAT

们在下文讨论清不送气塞音和浊塞音的 VAT 时我们是包括单辅音和复辅音的。单辅音和复辅音之间的 VAT 将不加以区分。

3.2 浊塞音的 VAT 分析

现在我们来看看浊塞音情况。浊塞音的平均 FOM 值都比清塞音的 FOM 要小的多。122 个浊塞音的 20％的 FOM 值都低于 0.75，所以只使用了 FOM 值在 0.75 以上的 VAT。被使用的 FOM 的均值和中位数也低于清塞音的 FOM。具体见图 2。

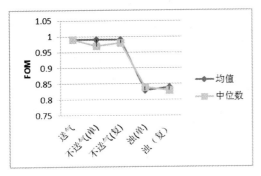

图 2　不同塞音 VAT 的 FOM 值

FOM 值越小，说明其 VAT 的有效性相对较差。同时，浊塞音的 VAT 比清塞音的要复杂。这种复杂性主要表现在两个方面。一方面是它范围跨度很大，大概在 −179 到 17.53 毫秒之间（见图 3）。

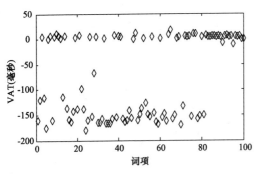

图 3　浊塞音的 VAT 分布

另一方面是它的负值都很大，几乎都在 −100 毫秒以下。但有意思的一点是它集中在两个区域：一个是在 −150 毫秒上下；另外一部分正好与清送气塞音的 VAT 相互重合（见图 4），而没有与不送气塞音的 VAT 重合，这部分的 VAT 值比较大。

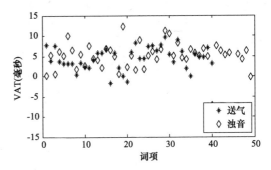

图 4　送气塞音和一部分浊塞音的 VAT

3.3 清塞音的 VAT 分析

送气塞音的 VAT 值在 −1.7 毫秒到 68.7 毫秒之间。由于 30 毫秒以上分布的数据较少，所以可以剔除这些分布在外围的数据，最后得到了一个更为客观的范围：−1.68 毫秒到 30.11 毫秒之间。送气塞音的 FOM 的均值是 0.99，其标准差是 0.02，说明其 VAT 值是有效的。其中 87％的 VAT 都分布在 10 毫秒以内。用这些送气塞音的 VAT 和不送气塞音的 VAT 相对比时，它们之间除了少数的 VAT 有所重合以外，大多数 VAT 之间是泾渭分明的。送气塞音的 VAT 值比不送塞音的要大（见图 5）。

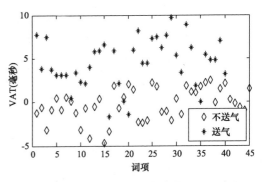

图 5　不送气塞音和送气塞音的 VAT 对比

我们可以根据 Baken 等（2007）提出的嗓音的三种不同的启动类型来作为坐标看一下藏语塞音的 VAT 的格局。他们提出的软启动（'breathy' onset）的 VAT 的范围在 7.6 到 38.0 毫秒之间；正常启动（'comfortable' onset）的 VAT 在 －1.4 到 9.6 毫秒之间；而硬启动（'hard' onset）则是负的，在 －9.5 到 －1.7 毫秒之间。图 6 是这三类 VAT 的均值。

图 6 基于 VAT 的三类嗓音启动类型
（Baken et al. 2007）

藏语塞音的三种 VAT 并不是很好地与这三种启动方式相呼应。整体上藏语的 VAT 都偏小。藏语的浊音的 VAT 的均值都比硬启动的要小的多。不送气清音的 VAT 几乎都分布在零的上下，比正常启动的值也要小。送气的 VAT 的均值也比软启动要小。造成这种差异的主要原因是因为 R. J. Baken 等提出的三分法主要的基于纯粹的语音学实验，是让发音人发语义上没有意义的/a/。而在藏语中，这些词都是有意义的语素。因此，影响这些 VAT 变量是很多的，有个人的、语言的以及生理的因素。所以不易于做深入的比较。这里比较的目的仅仅用这三种启动方式作为参照来观测一下藏语塞音的 VAT。

本次试验中，基频也可能是影响 VAT 的因素之一。送气的塞音比不送气的塞音的基频要低，大概相差 5Hz。而送气塞音的 VAT 比不送气塞音的 VAT 要高。这与 Watson et al.（2013）的研究是相吻合的，基频和 VAT 在一定的范围内是反比关系。浊塞音的基频和 VAT 之间的关系比较复杂，不易于直接对比，需要用很多维度的数据来比较。基频和 VAT 之间的关系方面有孔江平和张锐峰也在做深入的研究（发表中）。

4. 讨论

4.1 VAT 的生理机制

VAT 在送气和不送气之间的差异在生理上是完全可以解释的。送气的 VAT 的值都比不送气的要大，这说明声带在接触之前有一个较长的扰动时间。造成这种情况的主要原因应该是气流。在声带接触之前需要一股较强的气流从声门出去。这股气流扰动了声带边缘。然而，在发不送气塞音时就没有这样强的气流可以使声带在接触之前被扰动。所以造成了这种显著的 VAT 差异。

通过上面的数据发现，浊音的 VAT 值表现得比较复杂。通过图 3 可以看出，浊音的 VAT 分布在两个区域。正值的 VAT 都和送气的重合，它的值要比不送气的 VAT 值要大。造成这种情况最主要的一个原因是因为藏语中的浊塞音在口腔除阻之前就开始振动，其 VOT（Voice Onset Time）是负的。引起声带振动主要有两个方面的因素，一个是气流。另一个是声带自身的调整，发浊音时的气流肯定没有送气时的气流强。那么引起这种 VAT 值的主要原因是由于声带自身的调整，即声带要调整到一个相对于清音较松弛的状态以便于在除阻之前振动。而清塞音不需要这种调整，因为它在口腔除阻之后声带才开始振动。同时，在提取浊塞音的开商时，我们发现元音之前塞音段的开商是比较大的。这说明声带更加"气化"一点。"气化"嗓音的 VAT 就是 Baken 等所说的软启动嗓音，软启动嗓音的 VAT 都比较大的。因此，相对松弛的声带应该是造成这类浊塞音的 VAT 的格局的主要原因。

另外一部分浊塞音的 VAT 是负值。从图 3 中可以看出，这些负的 VAT 都分布在 －150 的左右。负的 VAT 说明声带在开始正常振动之前是有一个较长时间的闭合。EGG 信号在 SP 信号之前就产生了。首先，声带振动的一个重要条件是声门上下有一个气压差，一般至少是 2cm 水柱的压力差。这些气流才能穿过声门使声带振动。发浊塞音正好对这种压力差产生了一个阻力。因为发浊塞音时，口腔内的阻塞对气流形成阻力使声门上压加大。为了减少声门上压力，喉头只能下移来制造一个压力差。喉头的这种下移应该是造成声带长时闭合的一个原因。因为它需要做一个较复杂的调整来发浊塞音。浊塞音改变发声类型（Titze 2000）这一点也证明声带在发浊塞音时的这一特征。总之，发浊塞音时，声带在发声前和发声中有一个比清音更复杂的活动。

4.2 VAT 在音变方面的意义

通常情况下，我们在考察塞音的声学表现时，一般从塞音的 VOT、闭塞段时长以及气流气压等参数来研究的。通过本次测量，我们发现塞音起始的 VAT 也是一项重要的参数。VAT 的特征在不同的语言中可能表现出不同的模式。

浊塞音的 VAT 值的二分引起了我们的注意。主要是浊塞音的一部分 VAT 值与送气塞音的 VAT 相吻合。虽然引起这样的 VAT 值的生理机制在两者之间有可能不一样，但这一特征完全有可能成为共同的语音演变的生理基础。比如说，中古汉语一部分浊塞音在普通话中变为清送气塞音；有些汉语方言中的古代浊音甚至全部变为送气音；还有藏语拉萨话中的古藏语单辅音的浊塞音也变成同部位的清送气音（见表 3）。

表 3　藏语拉萨话中的来源于古浊塞音的送气清塞音示例

藏文	＜ga＞	＜da＞	＜ba＞
拉萨	/kʰa12/	/tʰa12/	/pʰa12/
汉译	'哪'	'现在'	'牛'

因此，我们可以提出大胆的假设。在没有其他条件制约的情况下，由于浊塞音和送气塞音的 VAT 相同，浊塞音在清化的过程中受到其 VAT 的影响而变成清送气。也就是说，浊塞音的 VAT 起初仅仅是一个很微观的伴随特征，之后，在音变的过程中，浊塞音保留了这一噪音起始特

征，这种起始特征又反过来影响了噪音起始之后的音变轨迹，即浊塞音的 VAT 使其演变为送气塞音。当然，引起语音演变的因素是非常复杂的、多元的。这里提出的 VAT 的音变机制是其可能性之一，它应该属于机械性的演变，在没有其他音变条件（如系统、社会、接触等）制约的情况下的一种音变。

5. 结语

总之，通过这些塞音的 VAT 的值，我们可以把安多藏语塞音的噪音起始类型分为三种，送气、不送气与浊音。送气的 VAT 是最大的，不送气 VAT 则在 0 的附近，而浊音的一部分很整齐地和送气的 VAT 相重合，另一部分则是负的，且值也比较大（见图 7）。复辅音的前缀对 VAT 没有影响。

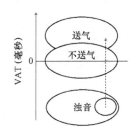

图 7　安多藏语塞音 VAT 的格局

VAT 目前主要应用于嗓音医学领域，在语言学领域研究的还比较少。通过对安多藏语塞音 VAT 的研究，我们发现在研究塞音方面我们又多了一个视角。在语言学领域，VAT 的研究也可以给我很多启发，譬如上面讨论的音变方面的启发。还有声调的研究方面，除了基频、开商和速度商这几个维度的物理参数之外，调类之间在 VAT 方面也可能呈现出不同的模式，值得我们做研究。还有不同语言的不同的发音方法之间的 VAT 的格局可能是不同的，这也值得我们继续做这方面的研究。

6. 致谢

本研究得到了中国哲学社会科学重大

中国语音学报 第 5 辑，2015 年，北京

投标项目"中国有声语言及口传文化保护与传承的数字化方法研究和基础理论研究"（项目批准号：10&ZD125）的经费支持。在研究和写作过程中得到了导师孔江平教授和著名嗓音学家 Ron. J. Baken 先生的指导。

参考文献

Ben，C. W.，Baken，R. J.，Roark，R. M.，et al. （2013）"Effect of Fundamental Frequency at Voice Onset on Vocal Attack Time," *J. Voice*，Vol. 27，2013，pp. 273－277.

Estella，P. -M. Ma，Baken，R. J.，Roark，R. M.，Li，P. -M. （2011）"Effect of Tones on Vocal Attack Times in Cantonese speakers," *J. Voice*，Vol. 10，2011，pp. 1－6.

Ingo，R. T. （2000）*Principles of Voice Production*，Lowa City：National city for Voice and Speech，2000，p. 321.

Hua，K. （2002）*Zangyu Anduo Fangyan Cihui*［*A Vocabulary of AmdoTibetan*］，Lanzhou：Gansu Minzu Press，2002，pp. 40－275.

Orlikoff，R. F.，Deliyski，D. D.，Baken，R. J.，Watson，B. C. （2009）"Validation of a glottographic measure of vocal attack," *J. Voice*，Vol. 23，2009，pp. 164－168.

Roark，R. M.，Watson，B. C.，Baken，R. J.，et al. （2001）"Measures of Vocal Attack time for healthy young adult," *J. Voice*，Vol. 33，2011，pp. 1－6.

Roark RM，Watson BC，Baken RJ，"A figure of merit for vocal attack time measurement," *J. Voice*，Vol. 26，2012，pp. 8－11.

孔江平：《论语言发声》，中央民族大学出版社 2001 年版，第 23 页。

袁家骅：《汉语方言概要》，文字改革出版社 1983 年版。

石峰、冉启斌：《塞音的声学格局分析》，载《现代语音学前沿文集》，商务印书馆 2009 年版，第 46 页。

潘晓声、孔江平：《VAT 和汉语普通话零声母嗓音起始状态研究》，载《第八届中国语音学学术会议暨庆贺吴宗济先生百岁华诞语音科学前沿问题国际研讨会论文集》，中国社会科学院语言所 2008 年版，第 5 页。

桑　塔　男，中国语言学会语音学分会会员。博士研究生，北京大学中文系，主要研究领域为语音学、藏语音韵学。
E-mail：308344841@qq.com

姚　云　男，中国语言学会语音学分会会员。博士研究生，北京大学中文系，主要研究领域为语音学。
E-mail：342713240@qq.com

兰正群　女，中国语言学会语音学分会会员。博士研究生，上海师范大学 E 语言研究所，主要研究领域为语音学、彝语方言。
E-mail：1061770498@qq.com

粤方言肇庆端州话的声调系统实验研究[*]

梁嘉莹　熊子瑜　刘新中

摘　要　本文通过录制《方言调查字表》和《肇庆端州话同音字汇》中的常用汉字条目，提取所有有效音节的音高和时长等语音声学数据，采取数据建模和统计分析的方法研究粤方言肇庆端州话的声调类型及其调值，并在此基础上考察该方言的字音声调系统。研究结果表明，基于语音声学数据来判别分析各个汉字条目的声调类型，并在此基础上研究方言的字调系统，这一方法是基本可行的，能够取得较为满意的结果。但这套方法尚有进一步完善的空间，特别是在调类初始化的方法上还有待进一步改进。

关键词　肇庆端州话，声调模型，调类，调值，判别分析

The Experimental Analysis of Tonal System of Zhaoqing Duanzhou Dialect in Cantonese

LIANG Jiaying，XIONG Ziyu，LIU Xinzhong

Abstract Through recording the commonly used Chinese characters of *Word Table for Diacelts Survey* and *Homophone Syllabary*，this study extracts all syllable pitch and duration of acoustic data，and conclude thetone category and tone pitch of Zhaoqing Duanzhou dialect by data modeling and analyzing automatically. What's more，the paper systemizes the dialect tonal system and its evolution regularity. The experimental result shows that，based on the acoustic data to discriminate each syllable tone category automatically and analyze the tonal system is basically feasible. However，this method can be impvoved in the future，especially the method of tone category initialization.

Key words Zhaoqing Duanzhou dialect，Tonal model，Tone category，Tone value，Discriminant analysis of Tone category

一、引言

有关方言声调系统的调查研究，通常是选择一些典型例字进行记录和描写，并在此基础上归纳整理出一个方言的声调体系，主要包括调类和调值等内容，这一方法具有快速高效的优点，能够满足一般田野调查的实际需求，是方言学界较为成熟的声调归纳法。例如，詹伯慧和张日昇（1998）在《粤西十县市粤方言调查报告》中采用这类方法考察了 10 个县市粤方言的字音声调系统。但由于不同的研究者在记音标准上存在一定差异，导致不同研究人员所记录的调值之间存在些许差别。刘新

中（2014）在其《广州话单音节语图册》一书中列举了黄锡凌、李新魁、黄家教、施其生、麦耘、陈定方、詹伯慧等学者对广州话声调系统的描写结果，广州话的声调格局总体上是一致的，但各家所归纳的调值却存在一定的差异。随着实验语音学的方法和手段在方言字音研究中的逐渐推广，越来越多的学者开始借助语音声学数

---

* 本文主要工作在中国社会科学院语言研究所访学期间完成，并得到如下项目的支持：（1）粤方言语音特征的实验语音学研究，2014 年度国家社科基金一般项目（编号 14BYY038）；（2）广东粤方言的实验语音学研究，广东高校人文社科重点研究基地 2012 年度重大项目（编号 2012JDXM_0007）；（3）汉语方言学大型辞书编纂理论研究与数字化建设，2013 年度国家社科基金重大项目（编号 13ZD135）。

据，如音高和时长等，来测算方言的声调调值。例如，廖荣容（1983）分析了苏州话单字调和双字调的实验数据。游汝杰（2001）考察了吴语 15 个方言点的声调音高和时长等语音特性。但较为可惜的是，这种基于语音实验数据来测算方言调值的方法却长期处于一种可有可无的从属地位，大多只是被用来验证研究者的记音结果，客观上也存在诸如实验数据偏少以及实验调值与记音调值之间常常会出现一些偏差。

本文将采用一种新的方法来研究汉语方言的声调系统：尝试借助较大规模的字音声学数据来构建一套声调识别模型，自动分析各个汉字的声调类型，并在此基础上考察方言的声调系统及其演变规律。这一方法主要包括以下四个方面的流程：1. 基于《方言调查字表》等数据录制较大规模的方言字音音频材料；2. 自动提取出各个音节的音高和时长等声学参数；3. 构建声调识别模型，自动分析各个汉字的声调类型；4. 根据汉字的声调类型及其古音分类信息，统计分析该方言的声调演变规律。

林佳颖和熊子瑜（2012）曾采用此类基于较大规模语音实验数据的方法来研究天津塘沽话字调系统，并取得比较满意的研究结果，但塘沽话字调系统相对简单，各个声调之间在语音上的区分度相对较大，所以相对容易处理。为了验证这一方法能否用来分析粤方言这种比较复杂的字调系统，本文将以粤方言肇庆端州话的字调系统为实验研究对象，基于较大规模的字音声学数据，全面分析肇庆端州话的字调系统，并将基于语音数据自动分析的调类结果与基于听音转写的调类结果进行对比分析，以考察二者之间是否具有较高的一致性。通常而言，如果二者的一致性越高，则说明基于语音数据所分析出来的调类结果越可靠，此方法的可行性和可推广性就越强。尽管在进行结果对比分析时会用到声调记音数据，但在分析调类过程之中，本研究将只使用语音声学数据和汉字的古音分类数据，而不依赖和参考任何声调记音数据，以确保对比结果的客观性和有效性。

二、声调判别过程和方法

本研究首先按照《方言调查字表》录制语音材料，并采用 Praat 脚本程序提取音高和时长等语音数据，然后依据汉字的古调类型（包括平、上、去、入四种类型）和古声母清浊类型（包括全清、次清、全浊、次浊四种类型）作为分类依据，统计分析各类汉字的音高均值数据，并制作出相应的音高曲线图。然后采取如下流程和方法来分析各个汉字的声调类型：

1. 汉字声调类型初始化赋值。通过对比观察和细致分析音高曲线图，研究人员可大致判断方言字音系统中主要存在哪几种调形，以及各种调形与古调类型以及古声清浊等因素之间的关系，并在此基础上建立调类指派规则，为每个音节的声调类型进行初始化赋值。在这一过程之中，研究人员需要根据音高曲线图将各类汉字进行调类初始化，制作音高曲线图时会用到汉字的古调类型及其古声清浊类型等数据，因此要求这些分类数据尽可能准确。

2. 训练声调判别模型。调类初始化的正确率越高越有利于训练出更为可靠的声调判别模型。但调类初始化过程并不要求每个汉字的调类赋值都做到准确无误，与实际调类一致，而这实际上也做不到，因为在各个方言中都难免会存在一些例外于字音演变规则的汉字。为了能够把那些调类赋值错误的汉字找出来，并将其归入正确的调类，本研究在调类初始化赋值的基础上，根据音节的音高和时长等语音数据自动训练出一套声调判别模型。声调模型的训练过程由 Praat 脚本程序自动实现。

3. 判别分析汉字的声调类型。根据声调判别模型，对每个汉字的声调类型进行判别分析。在判别分析过程之中，只需要借助字音的声学数据，如音高和时长等，而无须再考虑其古调类型和古声清浊类型等信息。

为了便于表述和区分，本文把声调的感知结果称为"感知调类"，由研究人员对各个汉字条目的实际读音进行听辨，并标记其声调类型；本文把各个汉字条目的声调初始化赋值结果称为"推导调类"，是由研究人员根据音高曲线图的分析结果而初步设定的声调类型；本文把基于声调模型自动判别分析出来的声调类型为"判别调类"。判别调类与感知调类之间的一致性越高，则说明调类自动分析的结果越可靠，方法越有效。

三、实验过程

本次实验的字音数据主要根据《方言调查字表》和《肇庆端州话同音字汇》，在相对安静的环境中进行语音采集。发音人分别为一男一女，两位都是土生土长的肇庆端州人。男发音人（M）是应届大学生，目前在肇庆端州区工作，日常交流的语言为肇庆话和广州话；女发音人（F）是一名在读的女研究生，目前在广州学习，日常主要的交流语言为普通话和广州话，在家庭环境下主要使用肇庆话。两位发音人的发音能够基本反映肇庆端州话的语音面貌，但由于社会交际等因素，在一定程度上可能会受到广州话的影响。女发音人的录音材料主要基于《方言调查字表》，有效的录音材料共计 3609 个；男发音人的录音材料主要基于《肇庆端州话同音字汇》，有效的录音材料共计 1824 个。

数据处理与分析过程如下：1. 筛选整理录音字表，剔除掉一些在肇庆话中不常使用的汉字，以保证录音条目易认易读。2. 在相对安静的环境中进行录音。3. 自动生成并检校 TextGrid 数据，对全部录音材料进行音段切分和标注，每个 Text-Grid 标注文件包含 9 层基础数据，分别为汉字层、汉字古音信息层、音节层、声韵调层、国际音标层、声韵母特征层、发声类型层、备注层以及杂项层等。本研究只使用到了其中的声调标记类型和汉字的古调类型以及古声清浊类型等基础数据。4. 自动生成并手工校验 PitchTier 音高数据，对断点、跳点、非正常截断的音高数据进行校准。5. 提取音高及韵母基频段时长等数据，并进行均值分析，自动制作出

"古调＋古声清浊"分类的音高曲线图。6. 研究人员根据音高曲线图为各类汉字指派一个初始化的声调类型。7. 根据音高和时长等语音数据建立声调判别模型。8. 根据判别模型自动分析各个汉字条目的声调类型，得到相应的判别结果。9. 基于推导调类与判别调类完全一致的字音数据，制作出该方言的声调音高曲线图，观察分析各个调类的调值及其语音特性。10. 统计分析方言字调系统的演变规律。

本文将主要讨论其中的调类分析过程和方法，考察基于音节的音高和时长等语音声学数据来自动判定其声调类型的可行性。

四、调类分析

（一）声调类型初始化

汉语方言的声调主要与古调类型、古声母的清浊类型等因素有关。所以本研究首先以汉字的古调类型及其古声母的清浊类型为分类依据，分析各类汉字的音高和基频段时长的均值数据，制作音高曲线图，并在此基础上观察和分析古声调在肇庆话中的分化与合并情况，建立声调推导规则，为每类汉字条目指派一个初始化的声调类型。

基于两名发音人的录音材料，根据古调类型和古声母的清浊类型对录音字表中所有汉字条目进行分类，一共有 16 种类型，每种类型所包含的汉字数量如表 1 和表 2 所示。实际录音的汉字条目要略多于表 1 和表 2 中的汉字总量，但由于部分汉字条目的古调类型和古声清浊类型不够明确，所以在推导调类时将其排除在外。

表 1　　各类汉字的样本个数（M）

	平	上	去	入	总计
全清	259	167	175	110	711
次清	78	41	62	45	226
全浊	173	65	87	53	378
次浊	138	76	79	57	350
总计	648	349	403	265	1665

表 2　　各类汉字的样本个数（F）

	平	上	去	入	总计
全清	539	296	366	231	1432
次清	171	95	127	85	478
全浊	382	137	201	137	857
次浊	325	163	188	131	807
总计	1417	691	882	584	3574

下面按古调类型和古声清浊类型作为分类依据，分别统计两名发音人的音高和时长的均值数据，并自动生成音高曲线图。这一过程由 Praat 脚本程序实现，运行结束后直接输出音高曲线图，结果如图 1—图 8 所示，纵轴表示音高均值（单位：Hz）。

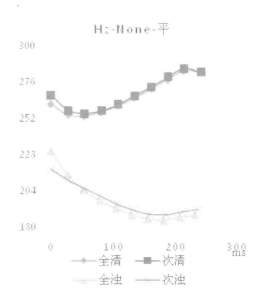

图 2　古平声字的音高曲线图（F）

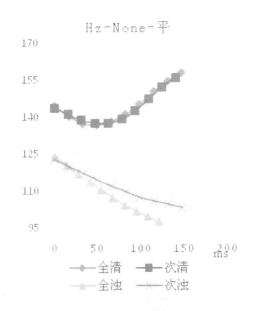

图 1　古平声字的音高曲线图（M）

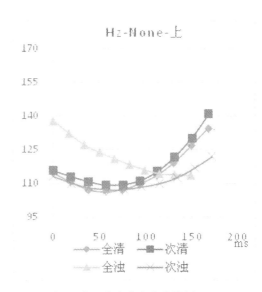

图 3　古上声字的音高曲线图（M）

对比男女发音人的音高曲线图，可以看出二者的音高模式基本一致，这表明语音数据是基本可靠的。根据以上音高曲线图的走势，可以大致看出：1. 古平声字表现为两种调形：全清和次清的一致，呈上升调形，全浊和次浊的基本一致，呈下降调形。2. 古上声字表现为三种调形：全浊呈下降调形，其音高曲线与全浊去、次浊去一致；全清和次清的调形基本一致，尾部有较大升势；而次浊的调尾上升幅度较小，故可单列一类以示区别。3. 古去声字表现为两种调形：全浊与次浊基本一致，全清与次清基本一致。4. 古入声字主要表现为两种调形：全浊与次浊基本一致，全清与次清基本一致。再从时长方面来看，

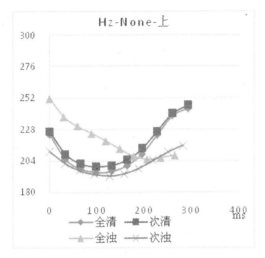

图 4　古上声字的音高曲线图（F）

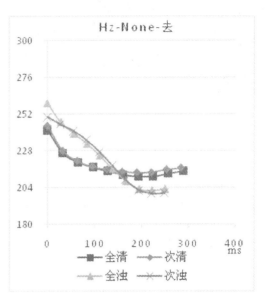

图 6　古去声字的音高曲线图（F）

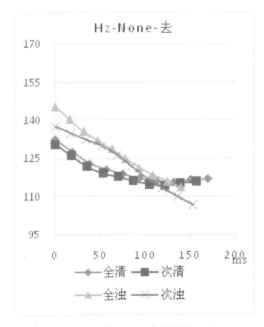

图 5　古去声字的音高曲线图（M）

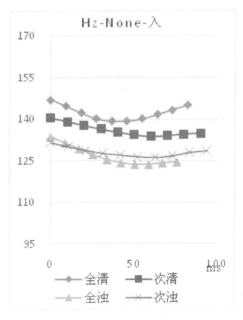

图 7　古入声字的音高曲线图（M）

入声字和非入声字存在比较明显区别。另外，女发音人的非入声字基频段时长相对较长，而男发音人的非入声字基频段时长相对较短，这有可能会在一定程度上削弱入声调和非入声调的区分度。基于以上观察和分析的结果，本文按下列八条规则为所有汉字指派初始化调类：

1. 古全清和次清的平声字标记为 T1，主要对应于感知调类中的"阴平"。

2. 古全浊和次浊的平声字标记为 T2，主要对应于感知调类中的"阳平"。

3. 古全清和次清的上声字标记为 T3，主要对应于感知调类中的"阴上"。

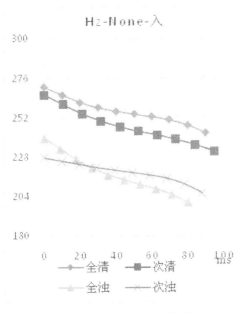

图 8　古入声字的音高曲线图（F）

4. 古次浊的上声字标记为 T4，主要对应于感知调类中的"阳上"。

5. 古全清和次清的去声字标记为 T5，主要对应于感知调类中的"阴去"。

6. 古全浊和次浊的去声字，以及古全浊的上声字标记为 T6，主要对应于感知调类中的"阳去"。

7. 古全清和次清的入声字标记为 T7，主要对应于感知调类中的"阴入"。

8. 古全浊和次浊的入声字标记归 T8，主要对应于感知调类中的"阳入"。

毫无疑问，按照上述规则所推导出来的调类，并不能完全反映肇庆端州话的声调实际情况，肯定会有一部分汉字条目存在调类赋值错误的问题。下面以男女发音人的字音数据分析推导调类和感知调类之间的对应关系，以简要考察上述规则的适用性。结果如表 3 和表 4 所示。

表 3　　　　　　　　　　　　推导调类与感知调类的数据交叉列表（M）

	T1	T2	T3	T4	T5	T6	T7	T8
阴平	310	14	5	2	5	3	0	3
阳平	7	279	2	1	1	6	0	0
阴上	6	9	187	13	8	17	0	2
阳上	0	4	4	57	2	25	0	0
阴去	10	2	9	0	207	11	1	0
阳去	3	6	0	1	13	169	0	1
阴入	1	0	0	1	1	1	56	5
阳入	1	2	1	0	1	2	95	102
一致率	91.72%	88.29%	89.90%	76.00%	86.97%	72.22%	36.84%	90.27%

表 4　　　　　　　　　　　　推导调类与感知调类的数据交叉列表（F）

	T1	T2	T3	T4	T5	T6	T7	T8
阴平	667	20	19	2	20	5	4	2
阳平	9	661	8	8	4	28	0	1
阴上	13	10	328	18	22	33	4	1
阳上	0	6	12	133	7	40	0	0

续表

	T1	T2	T3	T4	T5	T6	T7	T8
阴去	14	3	19	0	391	20	3	1
阳去	4	5	2	2	41	399	1	1
阴入	2	0	2	0	0	0	142	12
阳入	1	1	1	0	8	0	162	250
一致率	93.94%	93.63%	83.89%	81.60%	79.31%	75.86%	44.94%	93.28%

根据表 3 和表 4 的交叉列表数据可以看出，推导调类与感知调类之间大多具有较高的一致率。例如表 4 中，推导调类标记为 T1 的汉字一共有 710 个，其中共有 667 个属于阴平字，这表明 T1 与阴平调之间具有较高的关联性，二者的一致率高达 93.94%。一致率越高，则表明推导调类越可靠，内部的一致性就越强。在表 4 中，关联性最低的是 T7 和阴入这一组，二者的一致率不到 45%。根据测算，表 3 中的推导调类与感知调类之间的综合一致率为 81.7%，表 4 中的推导调类与感知调类之间的综合一致率为 83%，均在 80% 以上，据此可以认为绝大部分汉字符合前文所述的八条调类推导规则，如果按照这八条规则来自动指派各个汉字的声调类型，其综合正确率能够达到 80% 以上。

另外，根据表 3 和表 4 的交叉列表数据还可以看出，有一些类型的汉字明显例外于上述推导规则，其中问题最为突出的就是 T7 这一类，按照上文的第 7 条规则"古全清和次清的入声字标记为 T7"，而在表 3 中实际上有 95 个古全清或次清的入声字却被感知标记为阳入调，在表 4 中实际上有 162 个古全清或次清的入声字却被感知标记为阳入调，这表明古全清或次清的入声字在肇庆端州话中实际上发生了明显的声调分化现象，尽管在记音和推导时被标记为阴入和 T7，但这类汉字实际上却大多读为阳入调。

（二）声调建模与判别分析

调类初始化赋值的过程结束之后，可以根据音节的音高和时长等语音数据训练相应的声调判别模型。本研究的声调建模过程是通过 Praat 脚本程序自动完成的，所使用到的语音声学数据包括以下几个方面的内容：音高段时长、起点音高值、末点音高值、音高平均值、音高标准差、音高最大值、音高最小值、音域范围，以及等间隔提取的 10 个点的音高值等。

训练得到声调模型之后，利用该模型对全部音节的调类进行判别分析，即可得到相应的判别调类。调类判别分析时包含了那些古调类型或古声清浊类型标记为"未知"的字音条目，因此其数量上会略多于推导调类时所用到的字音条目。在此过程之中，只需要提供上述的各种语音声学数据，而无须其他分类信息，也无需知道汉字的古音分类信息。男女发音人字音数据的调类判别分析结果如表 5 和表 6 所示。

表 5　　　　判别调类与感知调类的数据交叉列表（M）

	T1	T2	T3	T4	T5	T6	T7	T8
阴平	351	0	2	0	8	1	10	6
阳平	0	291	0	0	3	8	2	1
阴上	14	1	238	14	3	0	0	2

续表

	T1	T2	T3	T4	T5	T6	T7	T8
阳上	6	7	29	42	12	0	0	1
阴去	3	7	0	0	243	2	1	5
阳去	0	8	0	0	3	197	0	0
阴入	27	0	0	0	1	5	47	0
阳入	2	7	10	2	6	3	87	106
一致率	87.10％	90.65％	85.30％	72.41％	87.10％	91.20％	31.97％	87.60％

表 6　　　　　　　　　　　　　　判别调类与感知调类的数据交叉列表（F）

	T1	T2	T3	T4	T5	T6	T7	T8
阴平	744	0	2	0	7	0	5	0
阳平	0	710	2	1	5	3	1	2
阴上	12	0	412	6	0	0	0	0
阳上	5	5	22	164	4	0	0	0
阴去	1	0	0	0	447	3	2	0
阳去	0	2	0	0	0	455	1	0
阴入	2	0	0	0	0	1	153	2
阳入	0	8	1	0	0	1	113	306
一致率	97.38％	97.93％	93.85％	95.91％	96.54％	98.27％	55.64％	98.71％

根据表 6 的数据可以看出，判别调类与感知调类之间具有更高的一致性，二者之间的综合一致率达到了 94％。也就是说，判别调类的综合正确率为 94％。除了 T7 这一类型之外，其他各类数据都取得了比较满意的结果。这表明在基于规则推导相应调类的基础上，建立声调模型对调类进行判别分析，能够进一步提高调类分析结果的准确性。

但从表 6 的数据还可以看出，被判别为 T7 的调类之中，仍然有很大一部分汉字是被感知为阳入调的，这种不匹配的现象表明 T7 这一调类的最终声学模型不够精准。究其原因就在于 T7 的初始化模型不理想，详见表 4 的相关数据。由于古全清和次清的入声字在肇庆端州话中分化为阴入和阳入这两种类型，而且主要表现为阳入调，而基于古调类型和古声清浊的组合方式来推导初始化调类时却只能选择其中的一种，故而导致 T7 调类的训练样本过于离散，声调模型的精度不高，最后的判别结果自然也就发生了偏差。这说明，调类初始化的结果对于建立声调模型来说至关重要，仅根据古调类型和古声清浊的组合方式来推导初始化调类难以解决古今字调之间一对多的分化问题。

采取同样的分析流程和方法，本文对男发音人的字音材料也进行了声调建模和调类判别分析，具体结果详见表 5，其判别结果的综合正确率为 83％，这与其推导调类的 81.7％ 的正确率相比，提升幅度并不大。究其原因，可能包括以下几个方面：1. 字音训练样本偏少，导致声调模型不够精准；2. 从其音高曲线图中的基频段时长数据可以大致看出,这位男发音人在发音时过于随意,其非入声字的基频段时长明显偏短,使得入声字和非入声字在调类上的区分度显著降。如果将入声字和非入声字分开来分别建模和判别,则有望提高判别系统的正确率。但由于本研究的目的主要是考察字音声学数据用来区分方言调类的可能性,所以本研究在建立调类判别系统时未考虑汉字的古调类型及其古声清浊等方面的分类信息,而仅考虑字音的语音声学参数。

五、肇庆端州话的单字调调值

下面本文将分别利用两位发音人字音数据中推导调类和判别调类完全一致的所有例字,通过提取音高数据的脚本,将每个音节的基频曲线等间隔地提取出 10 个测量点的基频数据,再将其以 50Hz 为参考频率换算成半音值,并进一步规整为音高五度值,参考的上限频率为均值分析之后的阴入高点值,参考的下限频率为均值分析之后的阳平低点值,从而使得最后的音高曲线图正好处于 0—5 度的空间之内,以便于概括整理各个调类的声调调值。下面根据各个调类的平均时长结果制作声调音高曲线图,以反映各个调类在时长方面的区别,纵轴反映各个调类的音高五度值。结果如图 9 和图 10 所示。

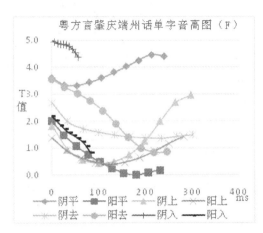

图 10　肇庆端州话声调音高曲线图（F）

根据以上声调音高曲线图,本文对肇庆端州话的声调调值归纳如下,并与前人的研究结果加以简单比较:

表 7　　肇庆端州话的声调调值

	阴平	阳平	阴上	阳上	阴去	阳去	阴入	阳入
詹伯慧	55	21	35	13	33	52	55	33
笔者	45	21	24	12	32	41	5	3

在本文实验结果中,肇庆端州话阴上和阳上的调值比较接近,但调尾部分存在较为明显的区别:阴上调的尾部有明显的音高上升,阳上调的尾部只有稍微上升。所以本文将阴上的调值记为 24,将阳上的调值记为 12,以示区别。前人总结肇庆话阴上调的调值为 35,但从音高图来看,肇庆话阴上调的起点位置较低,并没有达到3 那么高,结束点也没有达到最高点 5,所以在不影响区分的情况下,根据实际的音高数据将其标记为 24 似乎更为妥当。除了阴上之外,其他调值与前人研究的记音结果基本一致。

总之,利用判别调类与推导调类完全一致的字音条目所画出的单字音高图,与前人对肇庆话声调调值的分析结果相比,尽管在调值上略有一定差异,但基本看法是一致的。根据声调音高曲线图,还可以

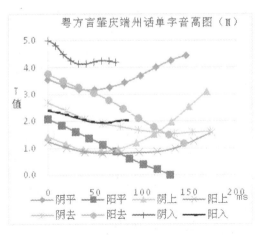

图 9　肇庆端州话声调音高曲线图（M）

进一步将肇庆话各个声调的语音特性概括如下：阴平表现为高平（略有升势），阳平表现为低平（略有降势），阴上表现为升调（升幅较大），阳上也表现为升调（升幅较小），阴去表现为中平调（略有降势），阳去表现为高降调，阴入表现为高调（时长较短），阳入表现为中调（时长较短）。

六、结论

基于较大规模的字音声学数据，本文对粤方言肇庆端州话的字调系统进行了较为细致全面的分析，并详细讨论了调类判别分析的过程和结果。研究结果表明，基于语音声学数据来判别各个音节的声调类型，并在此基础上分析和整理方言的字调系统及其演变规律，这一方法能够取得较理想的结果，基本上是可行的。

但需要指出的是，这一方法目前还存在两个方面的缺陷：1. 严重依赖于字音数据的质量，音高数据质量好，则能够获得更好的判别分析结果，否则其性能会显著下降。2. 调类初始化时主要依靠古调类型和古声清浊类型等信息，还不能很好地解决同一古调类型下的汉字所出现的字调分化现象，如古全清和次清的入声字在肇庆端州话中实际区分为两个不同的声调类型：阴入和阳入。针对这种古今字调的一对多现象，需要在调类初始化阶段能够加以区别，而不能默认为同一个调类，否则将会影响到声调判别模型的质量。

参考文献

詹伯慧、张日昇：《粤西十县市粤方言调查报告》，暨南大学出版社 1998 年版。

刘新中：《广州话单音节语图册》，世界图书出版广东有限公司 2014 年版。

廖荣容：《苏州话单字调、双字调实验研究》，《语言研究》1983 年第 2 期。

游汝杰：《吴语声调的实验研究》，复旦大学出版社 2001 年版。

中国社会科学院语言研究所：《方言调查字表》，商务印书馆 2012 年版。

林佳颖、熊子瑜：《基于音高数据的天津塘沽话声调系统分析》，第 10 届中国语音学学术会议论文集（PCC2012），2012 年。

詹伯慧：《广东粤方言概要》，暨南大学出版社 2004 年版。

梁嘉莹　硕士研究生。广州暨南大学汉语方言研究中心，主要研究领域为汉语方言学和语音学。
E-mail：912069793@qq.com

熊子瑜　副研究员。中国社会科学院语言研究所，主要研究领域为现代语音学。
E-mail：xiongziyu@163.com

刘新中　广州暨南大学中文系教授、博士生导师。暨南大学汉语方言研究中心副主任，主要研究领域为汉语方言学和语音学。
E-mail：liuxinzhongjn@163.com

成都话响音的鼻化度 *

——兼论其/n、l/不分的实质及类型

时 秀 娟

摘 要 通过使用鼻音计（Nasometer）对成都话响音的鼻化度进行了考察。发现：1）口元音内在鼻化度的高低与舌位的高低、前后有关，与北京话大体一致。2）口元音及非鼻通音声母 [z] 的鼻化度大都小于40，鼻通音声母的鼻化度大于80，鼻音韵母中的元音的鼻化度大多为40—80，反映了语音鼻化度的共性特征。3）/a/元音后的鼻尾/－n/已经弱化或脱落。4）鼻化对比度显示成都话所谓的/n/、/l/不分实质，既是实际音值的不分，也是音位的不分，不立/l/音位是合理的。音位/n/、/l/已经合流，/l/向/n/合流，合流过程中产生鼻化边音或边化鼻音变体。但有严格的条件。

关键词 成都话，声母，鼻化对比度，元音，内在鼻化度

The Nasality Degree of Sonorant in Chengdu Dialect

SHI Xiujuan

Abstract The nasality contrast of four liquid initials and the intrinsic nasality of nine basic vowels in Chengdu Dialect were investigated with Nasometer. The results show that:1)the oral vowels have intrinsic nasality and the nasality degree of first classic vowels are related to the tongue positions . 2)the nasality degree of oral vowels and [z] are both less than 40,of initial nasal consonants are more than 80,of vowels preceding final nasal are between 40 and 80 respectively,which reflectes the universal of nasality degree. 3) that for the final nasal/－n/ is weak or lost preceding vowel is /a/. 4) the nasality contrast of Initials between nasal and no-nasal is45,which indictes that the so-called mixed phenomena between /n/and /l/ is not only interblended in the sound value ,but also in the phoneme distinction,/n/and /l/ has been mergered as one phoneme,and there are allophonic variations of nasalized-lateral and lateralized nasal depending on strike condition.

Key words Chengdu dialect,Initial,Nasality Contrast,Vowel,Intrinsic nasality

1. 引言

　　鼻、边音相混是汉语许多方言中都有的特征，但类型和表现都有差异。成都话属西南官话，声母方面突出的特征是/n/、/l/不分。四川话中鼻音、边音不分很普遍，常被描写为 [n]、[l] 可以在任何条件下混用，是自由变体，如王力（2004：151）但成都话中的/n/、/l/不分有其特点。学者们有详细的调查，但观点不一。如甄尚灵（1958；1988）、梁德曼（1993）、崔荣昌（1997）等学者的基本观点为成都话声母

中无边音音位/l/，有鼻音音位/ɳ、n/，其中/n/有变体/l/；夏中易（2002）、彭金祥（2008）则认为成都话中有舌尖中边音/l/。成都话没有 r 通音，但有浊音/z/。成都话元音/a/带鼻韵尾/－n/时，鼻韵尾/－n/时有弱化现象。

　　鼻音又称为鼻通音，边音为边通音。鼻通音在字首与边通音和半元音（又可称为全通音）成一类；它在字末跟半元音和 r 通音成为一类。r 通音则是边通音的半程发音。鼻音/鼻化音/口元音，相互区别，

───────────

* 基金项目：天津市哲学社会科学研究规划资助项目（TJZW10－2－490）。

各类通音又相互纠葛。汉语中的鼻音尾的实际表现常常为鼻化特征。实际上考察鼻、边音分混的实质不能只是单纯地看这两个声母，而是应该从整个音系中口元音、鼻音声母、非鼻音声母以及鼻音韵尾的特性来考察；不能只是定性的分析，还应该选择与这两种声母相关的声学参数进行量化的考察。鼻化度是很重要的参量，用鼻化度的指标可以量化分析解决这种复杂的语音和音系的交错关系。口音、鼻音和鼻化音在鼻化度数值上有各自的临界值，口音和鼻音存在连续性。[1] 声母鼻化对比度分析作为有效的方法，对于认识鼻音、边音等通音之间的关系，对于汉语方言鼻音、边音的分混的类型及其语音实质的探讨都具有较大的实际意义，是探索鼻、边音特性的一个重要参量。（时秀娟、冉启斌、石锋2012）我们曾运用鼻化对比度考察了武汉话（时秀娟、向柠2010）、长沙话（时秀娟、贝先明2013）、南京话（时秀娟、梁磊2008）等鼻、边音相混的方言的实质和类型。

本文利用鼻音计（Nasometer）对成都话五个通音声母的鼻化对比度[2] 和七个一级元音的内在鼻化度[3] 情况进行了考察，客观量化考察成都话/n/、/l/不分的实质及类型。

2. 实验说明

2.1 语料及发音人

本文所用的发音表为成都话单音节字表，表中的声母包括塞音、擦音、塞擦音

以及通音/m、n̩、ŋ、n(n/l)、z/等；韵母包括单元音韵母、复元音韵母以及带鼻尾/−n、−ŋ/韵母，按成都话的声韵拼合关系组成各种音节（发音表这里从略）。

发音人为一女青年，21岁，生长于成都，父母均为成都人。发音人口音纯正，无口鼻咽疾病。发音人用自然语速朗读发音字表进行录音。

2.2 录音及实验仪器

录音在语音实验室进行。使用美国Kay公司生产的 Nasometer Ⅱ 6400 鼻音计，利用口鼻分音装置，分别对口音和鼻音能量进行采样，并进行相关计算分析。发音人戴上鼻音计的口鼻分音装置，有一块隔板挡在口与鼻之间，将口腔声音与鼻腔声音分开。录音时鼻音计分为口、鼻两个通道同步进行采样获取语音。同时，另外进行同步的普通声学录音，以满足相关分析的需要。

2.3 鼻化度

鼻音计能够自动测算口音能量及鼻音能量，实时计算并显示鼻化度（nasalance）曲线的图形。鼻化度就是语音发音时鼻音化的程度。鼻化度的数值称为N值。N值的计算公式为：

$$N = 100 \times n / (n+o)$$

其中 n 表示鼻音能量（nasal acoustic energy），o 表示口音能量。此公式实际上表示的是鼻音能量在整个口音、鼻音能量之和中所占的比例。计算出的数值在0—100之间，数值越大，表明鼻音能量越强，鼻化度越高；反之则鼻音能量越弱，鼻化度越低。鼻音计还能够按设定时间步长逐点显示鼻化度数据，也能进行一定的统计分析，例如计算一段语音的鼻化度平均值及相关数据。下文的统计分析利用鼻音计的相关功能以及社会科学统计分析软件包（SPSS10.0）完成。

3. 成都话通音声母的鼻化度

3.1 成都话通音声母的鼻化度

成都话中鼻音声母有/m、n̩、n（包括

---

1 据北京话响音的鼻化度实验，非鼻音的鼻化度临界值N值为40，鼻音的临界值为80。在听觉上很可能鼻化度在40以下一般都被听为非鼻音；而在80以上一般都被听为鼻音。在40和80之间有一个断裂带，是鼻化元音以及其他特定的语音分布的范围。（时秀娟、冉启斌 石锋，2010《北京话响音的鼻化度初步分析》，《当代语言学》第4期）

2 鼻化度对比分总体鼻化对比度和具体语音的鼻化对比度。声母的总体鼻化对比度即一种语言（方言）中所有鼻音声母和非鼻音声母各自平均鼻化度的差值，它是鼻音声母和非鼻音声母总体对比特征的反映，是鼻音与非鼻音区分的重要标志。鼻化对比度越大，鼻音跟非鼻音的区分越清晰，越明显；鼻化对比度越小，则鼻音跟非鼻音的区分越模糊，越含混，甚至有可能发生一定程度的音位合流现象。（同1）

3 指不同元音本身所具有的鼻化度。（同1）

n、l两种变体）、ŋ/，非鼻音浊声母有/z/。在成都话单音节录音语料中选取/m、n̠、n、ŋ、z/各声母的稳定段进行测量，得到不同通音声母的鼻化度数据，计算得到的N值平均数据如下（见表1）及均值图（见图1）。

表1　成都话通音声母的鼻化度

通音声母	鼻化度平均值	标准差
m	93	1.6
ŋ	94	2.4
n̠	94	2.7
n(n/l)	61	14.8
z	36	10.9

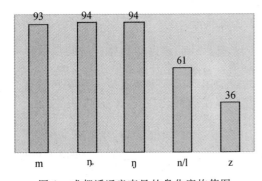

图1　成都话通音声母的鼻化度均值图

由由表1看来，该发音人所发的三个鼻音声母/m、n̠、ŋ/的鼻化度均非常高，其中n̠、ŋ/的鼻化度最大，都为94，/m/也为93，都大大高于鼻音的临界值80。/n/的鼻化度为61，小于鼻音的临界值80。原因可能是/n/包括/n/、/l/两种变体，所以鼻化度较低。/z/的N值平均值分别为36，处于口音（小于40）的临界值范围。

由表1我们还可以看到，/m、n̠、ŋ/鼻化度值标准差较小，分别为1.6、2.7和2.4，说明/m、n̠、ŋ/的发音较集中。而/n、z/的鼻化度值标准差较大分别为

14.8和10.9，说明n、z的发音较分散。

3.2 成都话通音声母与不同等呼韵母相拼时的鼻化度

我们将/m、n̠、n(n/l)、z/四个通音声母分别同开口呼、合口呼、齐齿呼和撮口呼不同韵母相拼的鼻化度进行比较，[1] 得到表2：

表2　成都话通音声母与不同等呼韵母相拼时的鼻化度

	m	n̠	n(n/l)
开口呼	93 (1.6)	90 (6.3) n	49 (12.9)
合口呼	85 (7.1)	94 (5.2) n	56 (12.3)
平均值	89	92	53
齐齿呼	94 (1.3)	93 (3.1)	71 (11.2)
撮口呼	\	96 (0)	66 (9.6)
平均值	94	95	69

由表2可知，成都话通音声母与齐齿呼、撮口呼相拼的鼻化度平均值要高于与开口呼、合口呼相拼的鼻化度平均值。

4. 成都话声母/n/、/l/不分的鼻化度表现

4.1 成都话泥来母与洪音、细音相拼时的鼻化度

据梁德曼（1993），成都话中古泥母（包括娘母）来母逢洪音不分，都读/n/声母。如"南泥蓝来"[nan21]，"脑泥老来"[nua53]，"怒泥路来 [nu]"，三对字今分别同音。来母逢细音今也读/n/，与泥母逢细音今读/n̠/不同。所以"泥"[n̠i21] ≠ "犁"[ni21]，"年"[n̠iɛn21] ≠ "连"[niɛn21]，"女"[n̠y53] ≠ "吕"[ny53]。古疑母今细音读零声母或/n̠/，如"牙"[ia21]，"严"[n̠iɛn21]。所以泥疑两母今细音可能同音，"泥泥宜疑"

---

1 由于ŋ、z声母只有与开口呼相拼这一种情况，因此没有加入比较。

[n̠i21]，"捏泥业疑"[n̠ie21]，"年泥严疑"[n̠iɛn21] 三对字今分别同音。简言之，成都话泥来母逢洪音相混，都读成 /n/ 声母；逢细音有别，泥母逢细音读 /n̠/，来母逢细音读 /n/。我们把表 2 中 /n̠、n(n/l)/ 的鼻化度按泥来母及洪细音的不同重新列表（见表 3）：

表 3　　　　　　　　　　成都话 /n̠、n(n/l)/ 的鼻化度

韵母＼声母	泥母 n	来母 n(n/l) −l̄1	韵母＼声母	泥母 n̠	来母 n−l̄2
开口呼	90 (6.3)	49 (12.9)	齐齿呼	93 (3.1)	71 (11.2)
合口呼	94 (5.2)	56 (12.3)	撮口呼	96 (0)	66 (9.6)
平均值	92	53	平均值	95	69

由表 3 可知，我们的实验与梁德曼（1993）的描写相符。成都 /n/、/l/ 不分主要还是由于来母字的发音。由鼻化度数据来看，来母字与洪音相拼时，音系记为 /n/（有人认为有 /l/ 变体），鼻化度只有 52，大大小于鼻音临界值 80，又大于北京话边音的鼻化度 27，（时秀娟等 2012），是一个鼻化的边音 [l̄]，记为 /l̄1/；来母字与细音相拼时，音系记为 /n/，鼻化度为 69（齐齿呼为 71，撮口呼为 66），没有达到鼻音临界值 80，但很接近鼻音临界值，所以是一个鼻边音，记为 /l̄2/。泥母字无论与洪音相拼（记为 /n/），还是与细音相拼（记为 /n̠/），鼻化度都在 90 以上，超过了鼻音临界值 80，都是一个纯粹的鼻音。

4.2 成都话通音声母的鼻化对比度

由实验数据结合听辨，发音人所发的成都话通音声母实际音值有 [m、n̠、n、l̄1、l̄2、ŋ、z]，据表 1、表 3，我们计算成都话鼻音声母和非鼻音浊声母的总体鼻化对比度。[1] 成都话中的鼻音声母为 [m、n̠、n、ŋ]，计算这四个声母的鼻化度平均值为 (93＋95＋92＋94)/4＝93.5。非鼻音浊声母为 [l̄1、l̄2] 和 [z]，计算这三个声母的鼻化度平均值为 (53＋69＋36)/3＝53。可以看到，成都话中鼻音声母与非鼻音浊声母的鼻化对比度为 94−53＝45。这个数值表示的是成都话鼻音声母和非鼻音声母各自平均鼻化度的差值，数值小于北京话的 66，（时秀娟等 2012）说明成都话鼻音声母和非鼻音浊声母的区分度不是很高。

其次可以观察具体语音的鼻化对比度。在成都话中，[n] 与 [l̄1、l̄2、z] 发音部位接近（均用到舌尖部位），因此可以进行对比分析。计算 [n] 与 [l̄1] 的鼻化度差值为 92−53＝39，这是 [n] 与 [l̄1] 的鼻化对比度，[n] 与 [l̄1] 的鼻化对比度数值较小，说明成都话在发音上不能区分开 [n] 与 [l̄1]。我们再来计算 [n] 与 [l̄2] 鼻化度差值为 92−69＝23，这是 [n] 与 [l̄2] 的鼻化对比度，[n] 与 [l̄2] 的鼻化对比度数值更小，说明成都话在发音上不能区分开 [n] 与 [l̄2]。我们再来计算 [n] 与 [z] 的鼻化度差值为 92−36＝56，这是 [n] 与 [z] 的鼻化对比度。

---

1 鼻化度对比度计算方法如下：

总体鼻化对比度是一种语言所有浊声母当中鼻音声母的鼻化度平均值减去非鼻音声母的鼻化度平均值所得的差值。如北京话通音声母的总体鼻化对比度为：

〈N〉＝[N（m）＋N（n）]/2−[N（l）＋N（z）]/2

即：(91＋93)/2−(27＋25)/2＝66。

个体鼻化对比度就是同一语言中发音部位相同或相近的某个鼻音声母的鼻化度减去某个非鼻音声母的鼻化度所得的差值。如把北京话 l、r 与 n 的鼻化对比度分别代入下式：

〈N〉x＝N（n）−N（x）。

得到：l 与 n 的鼻化对比度为 93−27＝66；r 与 n 的鼻化对比度为 93−25＝68。（时秀娟 冉启斌 石锋，2012，《为什么有的方言 n、l 不分——通音声母的鼻化对比度》，《实验语言学》2012 创刊号）

可以看到 [lĩ]、[ĩ2] 与 [z] 的鼻化对比度很不同，[lĩ]、[ĩ2] 的鼻化对比度大大小于 [z] 的鼻化对比度，说明 [lĩ]、[ĩ2] 与鼻音 [n] 不能很好地区分，[z] 与 [n] 可以很好地区分。成都话的/n/、/l/不分，是实际音值不分，音位也不分。

4.3 成都话有无边音音位/l/

四川话中鼻音、边音不分很普遍，常被描写为 [n]、[l] 可以在任何条件下混用，是自由变体，如王力（2004：151）。但由我们上文实验分析可以看到，成都话中的/n/、/l/不分是有严格的条件的。

关于成都话有无边音音位/l/，有不同的观点。一种观点认为成都话无边音音位/l/，如梁德曼（1993），上文已述。甄尚灵（1958）：成都话声母/n̠/，相当于北京的/n/与零声母。在成都韵母音 [i、iao、ian] 中兼有/l/和零声母，在成都其他韵母时，北京音中只有/n/。甄尚灵（1988）：/n/只拼齐齿呼、撮口呼韵母，与/tɕtɕʰɕ/一致，故推定为 [n̠]。/l/可拼开、齐、合、撮四呼的韵母，齐齿呼、撮口呼只有古来母字，开口呼、合口呼有古来母字和泥母字。如/n/的音值为 [n̠]，/l/可写作 [n]，一方面因/l/与/n/不对立，一方面/m、n、n̠、ŋ/一套完整的鼻音声母是四川多数地区的语音现象。《四川方言音系》（1960：5）提到："/l/存在 [n]、[l]、[l̃] 三个音位变体。[n] 是舌尖鼻音，[l] 是舌尖边音，[l̃] 是带鼻化的舌尖边音。这些读法可以出现在同一点不同的发音人口里，也可以出现在同一个点的同一个发音人口里。但一般情况是：在齐撮两呼的韵母前，[n] 占绝对的优势，开合两呼的韵母前，三个音位自由变易。"崔荣昌（1997）："成都话的 [n]，实际是一个鼻化边音，发音时，口鼻腔同时有气流出，发纯粹边音或鼻音的极少。""舌面鼻音/n̠/，后面以/i/或/y/作韵母时，常带上同部位的浊擦音成为 [n̠z]……记音时一律作/n̠/"。（引自崔荣昌 1997《成都话音档》，第 61 页）。

另一种观点认为成都话中有边音音位/l/。如夏中易（2002）、彭金祥（2008）

夏中易还列举了晚明张位《问奇集》中"怒为路，弩为鲁"和晚清傅崇矩《成都通览》中"赖个（那个）、赖回子（那一次）、聲得不好（弄不好）"的实例作为佐证。

由我们的实验来看，成都话中有实际的鼻音 [n̠、n]，有鼻化边音 [lĩ]，有边化鼻音 [ĩ2]，没有纯粹的边音 [l]。各个音都有自己出现的条件，泥母字与齐齿呼、撮口呼韵母相拼时声母为 [n̠]，与开口呼、合口呼韵母相拼时声母为 [n]；来母字与齐齿呼、撮口呼韵母相拼时声母为边化鼻音，本文记作 [ĩ2]，与开口呼、合口呼韵母相拼时声母为鼻化边音，本文记作 [lĩ]。据鼻化对比度数值来看，总体鼻化对比对数据较小（45），个体鼻化对比度更小（[n] 与 [lĩ] 的为 39，[n] 与 [ĩ2]的为 23），说明鼻音与非鼻音声母不能很好地区分。显然，泥母字很稳定，发为纯粹的鼻音，主要是来母字不稳定，没有纯粹的边音，发成鼻化边音或边化鼻音，向鼻音倾斜。这与甄尚灵（1958）记录的一致。[1] 所以，成都话中不立边音音位/l/是合理的。关于鼻音音位，据梁德曼（1993）老年人带/n̠、ŋ/声母的某些字，四十岁以下的一部分青年人口语中声母已逐渐消失。但是像"研 [n̠ien55]；安 [ŋan55]；我 [ŋo53]"等常用字，老派新派都带鼻音声母。可知，立鼻音音位/n/，有变体/n̠、l̃/较合乎实际。

综上，成都话所谓的/n/、/l/不分，是语音上不分，大多倾向于鼻音，音位上也不分，但有严格的条件。音位/n/、/l/已经合流，/l/向/n/合流，合流过程中产生鼻化边音或边化鼻音变体。

---

[1] 关于来母字的今音是舌尖中边音/l/还是舌尖中鼻音/n/的问题，甄尚灵（1958）曾记音为舌尖中鼻音/n/，也指出舌尖中齿龈鼻音/n/实际上是一个"鼻化边音"，发音时口鼻腔同时都有气流出。在不同的人和不同的情况中，只有鼻化强弱的分别，发纯粹边音或鼻音的很少。以后的学者基本上都是沿袭了甄尚灵的观点，记音为舌尖中鼻音/n/。

5. 成都话元音的鼻化度

5.1 成都话元音内在鼻化度

成都话有 7 个一级元音：［a］［i］［u］［y］［ɿ］［e］［o］。我们对发音字表中塞音、擦音、塞擦音声母之后的所有一级元音的鼻化度进行了测量。测量时在鼻化曲线稳定的段落进行取值，分别计算出 7 个一级元音的 N 值平均值，见表 4。

表 4　　　　　　　　　　　　汉语成都话一级元音的鼻化度

元音	a	i	y	ɿ	u	e	o
鼻化度	37（8.5）	21（7.1）	13（0.6）	12（3.7）	9（2.0）	7（2.0）	5（0.8）

从上表我们可以看出，成都话 7 个一级元音的鼻化度平均值按由大到小的顺序为 a＞i＞y＞ɿ＞u＞e＞o。除 e 元音较特殊之外，基本上是低元音的鼻化度大于高元音的鼻化度，前高元音的鼻化度大于后高元音的鼻化度。

5.2 成都话元音复合鼻化度[1]

《普通话基础方言基本词汇·语音卷》（1995）的成都音系中所调查出的结果是成都话中没有纯粹的鼻化元音，但我们所找到的发音人所发的 an、ian、uan、yan 在听感上已经成为鼻化元音 æ̃、iæ̃、uæ̃、yæ̃，而且录音所得的鼻化曲线中也没有看到鼻化度较高的鼻化曲线稳定段。æ̃ 和 iæ̃、uæ̃、yæ̃ 中的 æ̃ 的鼻化度均值为 45，标准差为 4.7，比较稳定。

我们将成都话单元音与 /－n/ 韵尾和 /－ŋ/ 韵尾相拼时的元音复合鼻化度进行进行测量，数据见表 5：（/ən/ 与 /əŋ/ 不分，/in/ 与 /iŋ/ 不分（梁德曼 1993）

表 5　成都话与不同韵尾相拼的鼻化度

	a	i	y	e	u
－n	35（7.3）	75（4.1）	68（8.7）	35（9.1）	＼
－ŋ	60（6.6）	＼	54（9.6）	＼	40（4.0）
平均值	48	75	61	35	40

由表 5 可知，两个鼻音韵尾前的元音复合鼻化度的平均值总体表现为，低元音复合鼻化度高于高元音的复合鼻化度，前元音的复合鼻化度高于后元音的复合鼻化度，即：ī＞ȳ＞ā＞ū＞ē。与元音内在鼻化度由大到小的排序 a＞i＞y＞ɿ＞u＞e＞o 相比，元音 /ī、ȳ/ 的位次提高，/ā/ 的位次降低。分别来看，鼻尾 /－n/ 前元音的复合鼻化度排序为 ī＞ȳ＞ā＞e，其中 /a、e/ 的复合鼻化度都为 35，没有达到鼻化元音的临界值 40 以上，即没有鼻化，这可能与其后的鼻尾 /－n/ 弱化或脱落有关。鼻尾 /－ŋ/ 前元音的复合鼻化度排序为 ā＞ȳ＞ū。成都话中 /ən/ 与 /əŋ/ 不分，/in/ 与 /iŋ/ 不分（梁德曼 1993），所以元音 /i、e/ 在后鼻尾 /－ŋ/ 前无复合鼻化度数据。

5.3 成都话一级元音同通音声母相拼时的鼻化度

我们将成都话一级元音同流音相拼时的鼻化度进行对比，得到表 6：由表 6 可以看出，鼻音声母后的元音鼻化度都高于非鼻音声母后的元音鼻化度，且前高元音 /i、y/ 与央低 /a/、后高元音 /u/ 受鼻音声母影响较大，鼻化度都提高到了 40 以上，处于鼻化元音的范围，其它元音的鼻化度即使在鼻音声母后也没有受到鼻化，鼻化度都在 40 以下。

---

1 元音与其他音素相连（主要指鼻音韵尾）而产生变化，变化后的鼻化度称为"元音复合鼻化度"。（时秀娟 2011《汉语语音的鼻化度分析》，《当代外语研究》，2011 年第 5 期）

表 6　　　　　　　　　　　　成都话一级元音与通音相拼时的鼻化度

	a	e	o	i	u	y	ɿ
m—	49 (3.5)	26 (0)	13 (0.6)	53 (5.0)	35 (7.8)	\	\
n̠—	43 (3)	\	14 (2.1)	50 (8.7)	61 (2.8)	73 (3.5)	\
ŋ—	\	\	12 (0.7)	\	\	\	\
平均值	46	26	13	52	48	73	
n/l—	42 (1)	24 (3.5)	8 (2.1)	40 (10.8)	18 (4.5)	20 (8.0)	\
z—	\	6 (2.8)	5 (0.7)	\	7 (3)	\	9 (2.1)
平均值	42	15	6.5	40	12.5	20	9

综合看来,成都话 7 个一级元音的内在鼻化度平均值按从大到小的顺序为 a＞i＞y＞ɿ＞u＞e＞o,元音复合鼻化度的除 e 元音较特殊之外,基本上是低元音鼻化度大于高元音鼻化度,展唇元音鼻化度大于圆唇元音鼻化度;鼻音声母后的元音鼻化度都高于非鼻音声母后的元音鼻化度;鼻化元音低元音鼻化度高于高元音鼻化度,前元音鼻化度高于后元音鼻化度。

6. 成都话鼻音韵尾的鼻化度

6.1 成都话鼻音韵尾的鼻化度

成都话共有两个鼻音韵尾/—n/和 /—ŋ/,其鼻化度数据见表 4。成都话中 /ən/与/əŋ/不分,/in/与/iŋ/不分(梁德曼 1993),所以表中/ə/、/i/与/—ŋ/尾相拼没有/—ŋ/尾数据,只列出/—n/尾的鼻化度数据。

表 7　　　　　　　　　　　　汉语成都话鼻音韵尾鼻化度

	(a)	(ə)	(i)	(u)	(y)	平均值
—n	54 (3.1)	91 (0)	96 (0.5)	\	95 (0.5)	84 (20.1)
—ŋ	92 (4.1)	\	\	92 (1.5)	91 (1.0)	92 (0.6)

由表 7 可知,成都话鼻音韵尾的鼻化度都较高,/—n/尾为 84,/—ŋ/尾为 92,都高出鼻音的临界值 80,/—n/尾的鼻化度要小于/—ŋ/尾的。

6.2 成都话鼻尾/- n/的弱化

从表 7 可知,/i/后的/—n/韵尾鼻化度最大,/y、ə/后的次之,/a/后的/—n/韵尾鼻化度最小,只有 54,低于鼻音的临界值 80,说明/a/元音后的鼻尾/—n/已经严重弱化,或者说已经脱落。成都话元音/a/带鼻韵尾/—n/时,/an/、/ian/、/uan/、/yan/中的主元音/a/与汉语普通话鼻化韵韵母发音不同,此四韵发音为舌尖只作势,不

抵齿龈。《四川方言音系》(1960)、甄尚灵(1983)提到 1957 年记录成都语音时,此四韵母发音是〔aⁿ、iaⁿ、uaⁿ、yaⁿ〕,舌尖只作势不抵齿龈,而"今天成都青少年的口中则是〔ã、iɛ̃、uã、yɛ̃〕",属鼻化韵母。这与我们的实验结果一致。

其他元音后的鼻尾/—n/鼻化度都在临界值以上,属于纯鼻音,没有弱化。高元音后的/—n/韵尾鼻化度高于低元音后的/—n/韵尾鼻化度,前元音后的/—n/韵尾高于后元音后的/—n/韵尾鼻化度。

再看/—ŋ/韵尾,/a、u/元音后的/—ŋ/鼻化度最高,/y/元音后的/—ŋ/韵尾鼻化度最低。成都话中/—ŋ/韵尾较稳定。

7. 结论

通过对成都话响音的鼻化度分析,我们看到了成都话中口音/鼻化音/鼻音之间复杂的关系,看到了其/n、l/不分的实质及类型。具体表现简要总结如下:(1)成都话元音的内在鼻化度都在 40 以下,且与舌位高低、前后之间的关系表现出与北京话一致的趋势,即前高元音和低元音的鼻化度较高;元音复合鼻化度的平均值总体排序为:i>ȳ>ā>ū>ē。鼻尾/－n/前元音的复合鼻化度排序为 i>y>a>e,其中/a、e/的复合鼻化度都为 35,没有达到鼻化元音的临界值 40 以上,即没有鼻化,与口元音产生了纠葛,这与其后的鼻尾/－n/弱化或脱落有关。鼻尾/－ŋ/前元音的复合鼻化度都处于 40—60 之间,排序为 a>ȳ>ū。(2)成都话鼻音韵尾的鼻化度平均值都高出鼻音的临界值 80,且/－n/尾的鼻化度小于/－ŋ/尾。但不同元音后的鼻尾鼻化度有较大差异,/i、y、ə/后的/－n/尾以及/u、y/后的/－ŋ/尾的鼻化度都超出了鼻音的临界值 80,均在 90 以上,唯有/a/后的/－n/韵尾鼻化度只有54,低于鼻音的临界值 80,说明/a/元音后的鼻尾/－n/已经脱落。(3)鼻通音/m、n̥、ŋ/的鼻化度均非常高,大大高于鼻音的临界值 80;鼻通音/n/的鼻化度为 61,大幅小于鼻音的临界值 80,属于鼻化音的范畴,与鼻化音产生了交叉,是因为/n/包括/n/、/l/两种变体。/z/的 N 值平均值分别为 36,处于口音(小于 40)的临界值范围。(4)通过通音声母的鼻化对比度分析,成都话所谓的/n/、/l/不分实质,既是实际音值的不分,也是音位的不分,不立/l/音位是合理的。但有严格的条件,即泥母字声母不管逢细音还是洪音,都读纯粹的鼻音;来母字声母今读既不是纯粹的鼻音,也不是纯粹的边音,逢洪音时为鼻化边音,逢细音时为边化鼻音,多倾向于鼻音。成都话音位/n/、/l/已经合流,/l/向/n/合流,合流过程中产生鼻化边音或变化鼻音变体。所以与长沙话"有纯粹的鼻音,无纯粹的边音"又有不同。

参考文献

北京大学中国语言文学系语言学教研室,《汉语方音字汇》(第二版),文字改革出版社 1989 年版。

崔荣昌:《成都话音档》,1997 年,第 61 页。

Fung, Wing-Nga(冯颖雅). A physiological analysis of vowel nasalization in Beijing Mandarin and Hong Kong Contonese. Nasals and Nasalization. Stanford: Language Universals Project.《新世纪的现代语音学——第五届全国现代语音学学术会议论文集》,清华大学出版社 2001 年版,第 41—48 页。

黄尚军:《成都话音系》,《西华大学学报》(哲学社会科学版)第 1 期。

梁德曼:《〈成都方言词典〉引论》,《方言》1993 年第 1 期,第 2—13 页。

梁德曼:《成都方言词典》,江苏教育出版社 1998 年版。

梁德曼:《成都音系》,载陈章太,李行健《普通话基础方言基本词汇(语音卷)》,语文出版社 1995 年版。

冉启斌:《汉语鼻音韵尾的实验研究》,《南开语言学科》2005 年第 1 期(总第六期)。

石锋:《北京话的元音格局》,《南开语言学刊》2002 年第 1 期。

时秀娟、冉启斌、石锋:《北京话响音鼻化度的初步分析》,《当代语言学》第 12 卷 2010 年第 4 期,第 348—355 页。

时秀娟、贝先明:《长沙话语音的鼻化度分析》,《中国语音学报》第四辑,2013 年。

时秀娟、梁磊:《南京话语音的鼻化度分析》,《南开语音年报》2008 年第 2 期。

时秀娟、向柠:《武汉话语音的鼻化度考察》,《语言研究》2010 年第 2 期。

时秀娟:《汉语语音的鼻化度分析》,《当代外语研究》2011 年第 5 期。

时秀娟、冉启斌、石锋:《为什么有的方言 n、l 不分——通音声母的鼻化对比度》,《实验语言学》2012 创刊号。

四川方言调查工作指导组:《四川方言音系》,《四川大学学报》1960 年第 3 期。

王力：《汉语史稿》，中华书局 2004 年版。

夏中易：《近四十年成都话语音变动现象考论》，《成都大学学报（社科版）》2002 年第 4 期。

甄尚灵：《〈西蜀方言〉与成都语音》，《方言》1988 年第 3 期，第 209—218 页。

甄尚灵：《成都语音的初步研究》，《四川大学学报》1958 年第 1 期，第 1—30 页。

甄尚灵：《四川方言的鼻韵尾》，《方言》1983 年第 4 期，第 241—243 页。

时秀娟　女，中国语言学会语音学分会会员。天津师范大学文学院教授，语音实验室主任。主要研究领域为语音学。

E-maill：shixiujuan66@163.com

语篇中生理呼吸与韵律切分的关系研究

——基于汉语母语者和汉语学习者的分析

王毓钧　贾　媛　李爱军

摘　要　本文拟通过生理实验和语音实验相结合的方法，揭示朗读、复述和自述三种言语任务下，生理呼吸与韵律切分的对应关系，比较汉语母语者和汉语学习者所表现出的不同，探究这种对应关系产生的原因及差别。经研究发现，朗读呼吸单位与韵律层级的关系最紧密；复述呼吸单位与韵律单位对应的规律性减弱，非正常停顿增多；自述呼吸的随意性最强，受多种因素的影响，与韵律层级的关系更加疏远。汉语母语者与汉语学习者在三种言语呼吸中表现出发展趋势相同，但具体表现形式呈现不同的特点。

关键词　呼吸，韵律，朗读，复述，自述

The Alternating Relation between the Physiology Respiratory and the Prosodic Segmentation in Discourse

WANG Yujun, JIA Yuan, LI Aijun

Abstract Through the methods of physiological experiment and the acoustical experiment, the present study attempts to investigate the interactive relationship between respiratory and speech prosody in three speech tasks i. e. , reading task, retelling task and self—narration task. Based on the experimental results and the comparisons between Chinese native speakers and Chinese learners, the study further explores the underlying mechanism and causes for the differences. The reading respiration is most closely associated with the prosodic levels. The respiratory regularity is broken in retelling task, and abnormal pause appear so many times. The self—narration respiration shows the highest randomness. The relation with the prosodic level is most distant, because it is most influenced by many factors. Chinese native speakers and Chinese learners have the same development trend, but their characteristics are different.

Key words Respiratory; Prosody; Reading; Retelling; Self-narration

1. 引言

　　一些学者的研究已经发现，言语与呼吸之间存在着关系，Conrad&Schönle（1979）就曾用实验证明了不同言语任务下的呼吸形式是有差异的。同时，Bartkova（2005）指出朗读和自然口语的一个重要区别就是停顿；林茂灿（2000）认为停顿又可以分成无声停顿（由停顿引起的）和填充停顿（不是由停顿引起的）两种。对汉语自然口语中的停顿问题学者们也有

关注，其中刘秀敏（1987）认为，叙事者使用不同停顿标记来解决语言产生时的构思问题；Tseng（2005）的研究主要是汉语中的修正和重复，并对汉语中的几个填充停顿进行了研究；袁楚和李爱军（2006）对自然口语中的非正常停顿现象进行了研究，认为非正常停顿一般出现在韵律词的边界上，常常会引起前一个或几个音节的延长，以及后一个或几个音节的F0高和低点发生改变。此外，前人对言语在呼吸中的表现和反映也有一些研究，Yuan&Li（2007）总结了朗读和自由谈话时情感言

语中呼吸段落的特征。结果表明，在各主要韵律边界都产生了情感言语的呼吸段落，同时呼吸段落可以提升合成言语的表达度和自然度；谭晶晶等（2008）测量了发音人在朗读不同文体时呼吸节奏的变化，大呼吸单元对应于自然段，中呼吸单元对应于复句，小呼吸单元对应于分句或句子成分。在言语呼吸与韵律的关系上，Slifka（2000）研究了韵律边界处言语产生的呼吸约束，证明言语产生中呼吸系统会为言语提供一个相对稳定的动力气压；郑秋豫（2000）提出"阶层式多短语语流韵律（HPG）"架构体系，将呼吸作为划分韵律结构层级的重要指标，在口语段落中，说话人会使用一口气来表达一个完整的语义，这个语段在语义上对应一个完整的意义，在生理上对应一个呼吸段落，在韵律上对应一个韵律层级单位，也就是"呼吸组"；尹基德、孔江平（2007）利用喉头仪等生理仪器，作了汉语韵律的噪音发声研究，结果表明韵律成分的这些噪音特征跟感知有密切的关系；Shi 等（2010）探究了呼吸在言语中的表现，及其同韵律、语义之间的关系，认为言语呼吸跟平静呼吸不同，呼吸参数值跟韵律单位等级有关。汉语学习者习得汉语方面的韵律研究基本集中在两个方面：一是偏误分析：吴亦斌（2011）认为母语为英语的留学生习得汉语二字组的韵律偏误集中在声调和轻重音方面；韩钰（2011）认为中高级水平留学生汉语作文中的韵律偏误集中在音节组合、语句重音、节奏松紧等方面；周小惠（2012）认为留学生汉语三字组韵律偏误集中在调型和调域上。二是韵律边界特征分析：宋时黄（2013）以汉语简单介绍句为例研究了韩国学生的韵律特征，表明韩国学生汉语韵律特征主要在边界实现；刘传云（2013）检测了高级汉语水平留学生韵律听辨能力，认为留学生的韵律知识及韵律能力发展不平衡；陈默（2013）考察了美国留学生汉语口语产出的韵律边界特征，认为音高特征发展最好，其次是韵律边界前音节时长特征，无声停顿特征无显著发展。

如前所述，前人已经对不同言语任务，尤其是朗读和自然口语的差异方面作了一些研究，也分别关注到了朗读和自然口语的呼吸特征，在二语习得方面主要集中在偏误分析和韵律边界特征表现上。我们将立足于前人研究，把重点放在语篇的韵律研究中，将不同言语任务和生理呼吸结合起来考察，同时在呼吸和韵律特征的关系上关注二语习得，逐步找寻母语者和学习者在朗读、复述和自述三种任务下的言语呼吸与韵律的对应特征：第一，考察母语者来发现汉语普通话语篇中呼吸的基本特征，以及与韵律的对应关系；第二，考察学习者，从生理呼吸的角度探索学习者习得汉语的语篇特点和呼吸与韵律的对应关系；第三，以母语者表现出的呼吸与韵律对应规律作为参照，与学习者进行对比，发现学习者在朗读、复述和自述时存在的问题，以及在呼吸中的反映，找到造成问题的原因；第四，针对目前汉语作为二语的教学中，训练学生朗读、复述以及培养学生自述能力方法不多的问题，我们希望通过本实验的研究，找到行之有效的教学策略。

2. 实验描述

本实验选取汉语母语者 12 位（6 男 6 女），平均年龄 22.5 岁，汉语普通话均为二甲以上；汉语学习者 24 位，汉语达到 HSK 中级水平，其中 6 名韩国留学生（3 男 3 女），6 名日本学生（3 男 3 女），6 名美国学生（3 男 3 女），6 名泰国学生（3 男 3 女），平均年龄 24.5 岁。共 36 名被试，均无呼吸疾病和言语障碍，录音时也未患有影响发音的感冒等疾病。

实验三个任务：一是朗读小故事《北风跟太阳》，共 176 个音节。要求被试在实验前充分练习，达到比较熟练的程度，然后再以中等语速朗读；二是对故事进行复述，要求被试脱稿，但又不是背诵，用自己的语言组织故事；三是进行一分钟左右的自我介绍，语速为被试的常规语速。

语音和呼吸数据采集均使用澳大利亚 ADInstrument 公司生产的生理采集仪，及其自带软件 LabChart。后期使用 Praat

进行语音的声学分析和韵律层级的标注，使用 SPSS 和 EXCEL 进行数据统计和分析。Praat 中语音、呼吸曲线以及韵律层级的对应如图 1 所示。

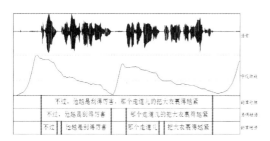

图 1 语音、呼吸曲线和韵律层级对应图

3. 呼吸参数的定义

我们使用吸气时长（Ti）、幅度（Ci）、斜率（Ki）和呼气时长（Te）、幅度（Ce）、斜率（Ke）等六个呼吸参数。吸气时长可以反映停顿的长度；吸气幅度可以反映预置气流量，Winkworth（1995）等研究发现，预置时长和预置气流量是可以预先反映后面语句长度的；吸气斜率是正值，反映吸气速度；呼气时长反映说话的长度，也包括一小部分停顿的长度；呼气幅度可以反映出说话过程中气流量的使用情况，也就是呼吸量的大小；呼气斜率是负值，反映呼气速度。如图 2 所示，吸气段表现为上升状曲线，呼气段为下降状曲线。横轴 T 表示时长，纵轴 C 表示幅度，Pn 是某一峰值，Vn−1 是峰前谷值，Vn 则是峰后谷值：

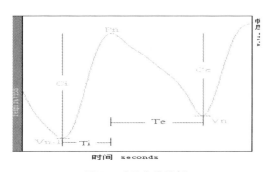

图 2 呼吸曲线示例

为了不同被试之间的数据可以进行比较和分析，我们使用相对化的幅度值：

$$H = (P-Vmin) / (Pmax-Vmin)(1)$$

其中 P 是某点的呼吸幅值，Pmax 是某位被试整段呼吸曲线中的最大峰值，Vmin 是整段呼吸曲线的最小谷值，H 就是 P 点的呼吸度。H 值实际上反映的是 P 点的呼吸在整段呼吸中所处的百分比位置，H 值越大，呼吸度就越大，呼吸幅度也越大；H 值越小，呼吸度就越小，呼吸幅度也就越小。这样呼吸曲线的斜率为：

$$Ki = Ci/Ti = (Hpn−Hvn−1) / Ti(2)$$
$$Ke = Ce/Te = (Hvn−Hpn) / Te(3)$$

根据 12 位汉语母语者朗读任务下的呼吸起伏特征和幅度值，划分出呼吸单位的三个等级：呼吸群（R group），H 值在 0.5 以上的呼吸段落；呼吸段（R segment），H 值在 0.2—0.5 之间的段落；呼吸节（R section），H 值在 0.2 以下的段落。

4. 呼吸单位和言语韵律的对应

考虑到本研究的特点，我们主要根据 Selkirk（1984）的韵律层级模型、Nespor & Vogel（1986）的韵律层级模型和郑秋豫的 HPG 韵律架构理论来考察四级韵律层级：（1）韵律词层级（PW）；（2）韵律短语层级（PP）；（3）语调短语层级（IP）；（4）韵律句组层级（PG）。

4.1 朗读呼吸与韵律的对应关系

我们对 12 位汉语母语者和 24 位汉语学习者朗读任务下，吸气和呼气过程中，不同等级呼吸单位与不同韵律层级对应关系作了统计见表 1，其中 PG，IP，PP，PW 分别表示韵律句组层级、语调短语层级、韵律短语层级和韵律词层级。

母语者和学习者的数据表现出很多的共同点：首先，呼吸群对应于韵律句组层级，呼吸段对应于语调短语层级，呼吸节对应韵律短语和韵律词层级。呼吸群和呼吸节二者界限十分分明，但都会有一部分出现在语调短语层级中。呼吸段处于过渡阶段，虽然它主要对应语调短语层级，但同样也可以出现在其他三个层级中，只是出现在韵律词层级的比率非常小。可见呼吸段分布范围的限制性比呼吸群和呼吸节要小得多，它在一定情况下能出现在任何韵律层级中。

表 1　朗读时呼吸单位与韵律单位的对应（％）

		PG	IP	PP	PW
汉语母语者	吸气段				
	R group	60	38	2	
	R segment	26	54	20	
	R section		22	70	8
	呼气段				
	R group	54	40	6	
	R segment	24	57	19	
	Rsection		29	61	10
汉语学习者	吸气段				
	R group	59	26	15	
	R segment	18	52	30	
	R section	6	14	53	27
	呼气段				
	R group	68	26	6	
	R segment	12	55	31	2
	R section		5	65	30

其次，从语言学的角度来看，韵律单位等级越高，呼吸时长和幅度就越大；韵律单位等级越低，呼吸时长和幅度就越小。不同等级韵律单位前的吸气斜率差异很显著，随着韵律等级的提高吸气斜率也显著地提高，从呼吸曲线上来看，陡升型曲线一般出现在韵律句组开始前，缓升型一般出现在语调短语前，平升型一般出现在韵律短语和韵律词前。呼气曲线的三种类型也有规律地出现在韵律中：陡降型曲线一般出现在韵律句组末和语调短语末，往往标志着较大韵律单位的结束；缓降型曲线是呼吸曲线的最主要类型，言语表达中的大多数部分都是缓降段，因此它就是语义表达的主要载体；平降型曲线对应于较长句子中的短暂停顿、非语义焦点词和虚词等。

比较汉语母语者和学习者的不同：首先，在呼吸群与韵律短语和韵律词的对应上，母语者几乎没有，而学习者却有（吸气段 15％左右）；其次，在呼吸段上，母

语者的呼吸段与韵律句组和韵律短语的对应比率差不多，而学习者在韵律短语的对应比率明显大于韵律句组；最后，从呼吸节上来看，学习者的呼吸节还比较多的对应于韵律词，还有少量对应于韵律句组层级。

经过考察，我们发现母语者和学习者在呼吸群和呼吸段上都有一些差异，在呼吸节表现得最明显，我们考虑出现这些不同的原因是：

首先，汉语母语者更注重对呼吸节奏的调控，而汉语学习者更注重对语言的控制。这是因为母语者在用熟悉的语言朗读语料，不需要花费很多的心理资源在语言上，所以他们朗读语篇更流畅，自觉地会控制呼吸的节奏，使之更稳定；学习者是在用一种自己不熟悉的语言来进行朗读，所以为了保证字词、声调、语义等方面的正确性，会牺牲一部分流畅度，同时对呼吸的调控也减少了。二者呼吸曲线的样貌可以反映出这一点，我们以"北风就使劲地刮起来了，不过他越是刮得厉害，那个走道儿的把大衣裹得越紧。后来北风没法儿了，只好就算了。"对应的一段呼吸曲线的大呼吸段落为例，见图 3 和图 4，其中横轴是呼吸时长，纵轴是呼吸幅度。

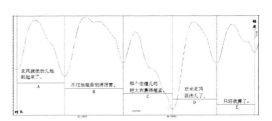

图 3　汉语母语者朗读语句呼吸曲线示例

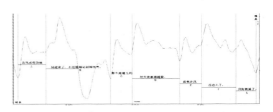

图 4　汉语学习者朗读语句呼吸曲线示例

如图 3 所示，汉语母语者的呼吸曲线比较整齐而有规律，从呼吸曲线段落大致可以推知语音语段，也就是说明显的大呼吸段落与句子和分句一一对应，与韵律句组或者语调短语对应："北风就使劲地刮起来了""不过他越是刮得厉害""那个走道儿的把大衣裹得越紧""后来北风没法儿了""只好就算了"分别对应 A、B、C、D、E 五个明显的大呼吸段落；而图 4 汉语学习者却没有这样的特点，这段曲线从呼吸段落来看有 A、B、C、D、E、F、G 七段，除了 G 段对应一个语调短语以外，A、C、D、E、F 分别对应的"北风就使劲儿地""那儿走道儿的""把大衣裹得越紧""后来北风""没法儿了"都是韵律短语；B 段对应一个韵律短语"刮起来了"和一个语调短语"不过他越是刮得厉害"，呼吸段落与语句的对应极不整齐，与韵律的对应不规律，反映在呼吸上就是不能调控呼气气流和呼气量，表现为呼吸幅度的峰值差、谷值差以及峰谷值差都较大。

其次，由上面的呼吸曲线与语音段落的对应可知学习者的情况反映出对语篇的停顿位置掌握不够，造成停顿多、不规律的情况。我们发现汉语学习者朗读过程中的停顿比母语者更多，反映在韵律层级上就表现为韵律短语和韵律词增多，而且在言语停顿方面，汉语学习者的随意性更大，出现一些非正常停顿现象（例如，对较长语段的切分不当引起的停顿，不习惯某种表达方式引起的停顿，以及对词义、句义等不理解造成的停顿，等等）。另外，学习者在韵律短语和韵律词前的停顿时长会随着语句的难易程度、学习者的学习程度等方面或长或短，呼吸幅度和呼吸斜率也会随之或大或小，而韵律短语和韵律词主要对应于呼吸节，所以呼吸节反映出更加多样化的复杂性。

4.2 复述呼吸与韵律的对应关系

我们对 12 位汉语母语者和 24 位汉语学习者复述任务下，吸气和呼气过程中，不同等级呼吸单位与不同韵律层级对应关系作了统计见表 2。

表 2　复述时呼吸单位与韵律单位的对应（％）

			PG	IP	PP	PW
汉语母语者	吸气段	R group	80	15	5	
		R segment	35	59	4	2
		R section	16	63	17	4
	呼气段	R group	73	23	4	
		R segment	41	55	3	1
		R section	15	56	26	3
汉语学习者	吸气段	R group	77	15	8	
		R segment	17	60	13	10
		R section	1	33	34	32
	呼气段	R group	69	25	6	
		R segment	8	58	32	2
		R section	0	38	35	27

经比较可得母语者和学习者的相同点：跟朗读任务一样，呼吸群主要对应于韵律句组层级、呼吸段主要对应于语调短语层级的特点没有变化，只是复述时的对应比例大于朗读任务的。

不同点反映在呼吸节与韵律层级的对应上：母语者的呼吸节主要对应于语调短语层级，并且大大多于与其他三个韵律层级的对应，语调短语在与呼吸段和呼吸节的对应中也表现得"地位"不一般；学习者的呼吸节与韵律短语层级、语调短语层级和韵律词层级的对应比率却都差不多，而且呼吸节几乎不会对应韵律句组层级，在这点上与朗读任务下的对应关系大大不同。

产生这种不同的原因是：首先，母语者复述时的语言策略发生变化，被试会使用长句，但也开始部分地分解朗读中的长句子，而使用分句来说故事，这也就使得语调短语数量增多，反映在生理呼吸方面就是深度呼吸减少；其次，学习者由于本身汉语水平的限制，在说故事的过程中几乎不会使用长句，而更加倾向于小句或短语，并且由于在组织内容方面造成的思维不连贯性，造成停顿更多更长，反映在生理呼吸方面就是浅度呼吸增多，也就是呼吸节数量增多。

为了证明学习者呼吸节所表现出的特点，我们又比较了一下汉语学习者朗读任务下和复述任务下各呼吸单位的个数，见表 3：可以看出在复述任务下呼吸群和呼吸段的数量减少，呼吸节的数量增加了，这说明在复述任务下，被试选择在呼吸上，用更多的浅度呼吸代替深度呼吸，也说明呼吸节在与 IP、PP、PW 的对应比例增加。

表 3　汉语学习者朗读任务下和复述任务下各呼吸单位数量对比表

		复述	朗读
吸气段	R group	120	144
	R segment	290	336
	R section	436	336
呼气段	R group	72	96
	R segment	191	336
	R section	480	384

我们认为，出现朗读呼吸与复述呼吸不同的原因在于：首先，复述时，无论是母语者还是学习者，都需要对故事进行重组，这时心理加工难度增加，被试可能就较少注意言语节奏和呼吸形式，因而在某些语句段落上呼吸单位与韵律层级就会发生错位。但是，总体来说，复述时的停顿还是主要集中在句末或者分句末，而且句中伴有吸气过程的停顿明显减少，所以复述任务下韵律句组和语调短语的呼吸表现更为明显，它们与呼吸群、呼吸段的对应还是相对比较整齐的。

其次，呼吸节数量的增加与非正常停顿的形式发生变化和数量增加有很大的关系。考察发现，复述时出现很多填充停顿、零停顿、超长停顿，以及口误，数量和形式随着母语者和学习者语言水平的差异，以及被试之间个体差异而有所不同，在学习者身上明显地表现出呼吸节数量增加，呼吸单位与韵律单位对应关系出现新变化。

4.3 自述呼吸与韵律的对应关系

我们对 12 位汉语母语者和 24 位汉语学习者自述任务下，吸气和呼气过程中，不同等级呼吸单位与不同韵律层级对应关系作了统计见表 4。

表 4　自述时呼吸单位与韵律单位的对应（%）

			PG	IP	PP	PW
汉语母语者	吸气段	R group	48	39	13	
		R segment	36	44	15	5
		R section	27	33	25	10
	呼气段	R group	40	42	18	
		R segment	31	46	16	7
		R section	30	41	19	10
汉语学习者	吸气段	R group	50	25	25	
		R segment	25	43	21	11
		R section	20	30	26	24
	呼气段	R group	54	31	15	
		R segment	30	46	19	6
		R section	21	35	23	21

经比较，我们发现了更多学习者和母语者的共同点：第一，无论是吸气还是呼气，各级呼吸单位与韵律单位的对应分布均没有超过 50%。与朗读不同，自述时呼吸节数量上升，其地位更加"凸显"。可见，自述时，尽管每个呼吸单位都主要对应于某一个韵律单位，但是较之朗读和复述，自述时呼吸单位与韵律单位的对应更加多变，且自述时被试对呼吸形式的选择更加灵活。

第二，呼吸群、呼吸段和呼吸节的数量都下降了，呼吸群下降得最明显，但从三者的比例上看，自述呼吸节数量会比朗读和复述的上升了。这说明在自然口语中，被试倾向于使用时长短、幅度小的浅层呼吸。另外，较之朗读，自述的归约性差、随意性强，很多非正常停顿、填充词句，以及心理和情感表达（例如犹豫、笑等）等都可能需要浅层呼吸来随时提供气流并补充能量，以上均表现为呼吸节数量的增加。

第三，比较自述和复述时的对应比率，最大的不同是：在复述中呼吸节基本不会对应韵律句组层级，可是自述中不一样，呼吸节与韵律句组层级也有较大的对应比例。

第四，韵律词和韵律短语的数量大大减少了，所以韵律词、韵律短语与呼吸节的对应比率大大降低；另外，各呼吸单位的呼吸参数间的标准差加大，造成各呼吸单位间界限不如朗读和复述呼吸时那么明显，所以在韵律句组对应呼吸节比率加大的同时，韵律短语和韵律词对应呼吸群和呼吸段的比率也相应地加大了。由上可见，自述时，母语者与学习者的共性最多。

当然，二者也有一些不同，表现在：呼吸节的数量。母语者呼吸节的数量相比朗读和复述时增加的特别明显，呼吸群和呼吸段的数量却有所下降。学习者呼吸节的数量也有所增加，但与复述相比增加得不太明显。这说明母语者在复述任务下，呼吸单位与韵律单位的对应更接近于朗读，自述时则发生很大的变化；而学习者在复述和自述任务下呼吸单位与韵律单位的对应更加接近，与朗读则有很大的不同。

经考察，自述时，生理呼吸与韵律的应最为松散的原因是：第一，自我介绍没有文本作为参照，没有充分的时间做准备，内容完全由被试自己决定，被试所述内容非常广泛，需要在现场临时组织语言；实验要求被试以最自然的状态自述，被试所述都是非书面化的口语，并可以掺杂进个人的情感，因此受到生理和心理等方面原因的影响，自述呼吸也就更为灵活多变。

第二，自述时的语言形式比朗读和复述更为自由，所以停顿的位置与韵律边界、语法、语义的关系会表现得更加疏远，所以自述时的停顿可以打破韵律和语法语义的限制，出现在任何位置，非正常停顿的出现次数大幅增加。

第三，非正常停顿出现的种类更多、更易出现（例如无声停顿、零停顿、超长停顿、停顿不足、增加填充词、口误等），另外还有情绪特征引起的停顿（例如笑、咂嘴等），语言习惯引起的停顿（例如口头语等）；心理因素引起的种种停顿（例如思考等），这些非正常停顿的出现大多来自于对正常呼吸的阻断，造成言语韵律与呼吸节律出现复杂的局面。

因此，无论母语者还是学习者都倾向于少使用长句，多使用短句来表达自己的想法；被试更在意语言和内容，就放松了对呼吸的调控，这也使得呼吸与韵律的对应关系变得松散，相比于朗读和复述，表现出规律性差，归约性差的特点。

5. 朗读教学策略初探

根据我们前面对朗读呼吸的实验研究，表明汉语学习者与母语者的差异主要表现在非正常停顿造成的韵律切分不当，造成呼吸与韵律对应不规律的结果，所以在二语教学中，我们首先要解决造成非正常停顿的一系列问题。

第一，帮助学生划分韵律层级。根据对 12 位汉语母语者的语音实验，能够基本划分出这段故事韵律层级和停顿，在朗读之前就帮助学生做好划分工作，请他们根据该方案进行朗读训练，这样可以避免学生对长句造成的非正常停顿。

第二，为学生讲解语篇。讲解字、词意思，故事含义，达到让学生完全了解能复述的程度；讲解短语、句子等的语法结构，对较难的语法举例说明；讲解语言的不同表达方式，例如数量短语、趋向补语等；加强对难认字词，语法结构，表达方式的练习。通过这个方法，可以加强学生对难认字词的辨识度，避免由于不习惯某种表达、语义和语法结构等造成的非正常停顿。

第三，帮助学生朗读。因为教师作为母语者有着正确的韵律切分能力和准确的语调，根据语速的调整可以保证朗读的连贯性和流畅度，所以教师领读是加强学生朗读正确度和稳定呼吸节奏的有效手段。教师领读一般有两种方法，一种是教师读一句，学生读一句；一种是学生跟教师一起朗读，这两种方法都可以使学生对韵律的理解更深，对停顿的认识更清晰，也可以使学生更加熟悉字词，语法结构和语言表达习惯，增强学生对语篇的熟悉度和理解力。

6. 结语

我们通过对 36 位被试，三种言语任务的考察分析，一方面得到言语呼吸的一些基本特点：随着三种言语呼吸任务（朗读任务—复述任务—自述任务）中言语加工难度的增大，被试对呼吸的调控越来越少，呼吸曲线的规律性也越来越差，同时随着非正常停顿现象的出现增多和表现形式的多样化，呼吸与韵律的对应关系表现出越来越松散的趋势。另外，生理呼吸与言语韵律的对应还会受到诸多其他因素（例如被试个体差异、被试心理情感表达等）的影响，这还有待于以后进一步的研究。

另一方面，从汉语母语者和学习者的比较可以看出，在朗读任务下，二者言语呼吸与韵律的对应都最有规律性，韵律层级与呼吸单位的对应属于正相关的关系，只是汉语学习者的呼吸节还同时对应了一定比例的韵律词层级；复述任务下，语调短语的"地位"凸显，在呼吸段和呼吸节中都占有很大的比例，学习者的不同表现在，呼吸节除了韵律句组层级外，比较平均的对应于其他三个韵律层级，这在自述任务下表现的更为明显；自述任务下，由于呼吸节数量的增多，使其"地位"在母语者和学习者身上都更加凸显出来。总的来说，汉语母语者从朗读到复述，再到自述，表现出逐步与韵律对应越来越松散的趋势，复述呼吸是一个中间阶段；学习者的朗读与韵律的对应规律性强，而复述与自述比较相近，与韵律的对应规律性差。

在二语教学方面，我们通过实践，找到关于解决学习者朗读的方法，以后需要在复述和自述方面作出进一步的实践，达到理论结合实际的目的。

7. 致谢

本文研究得到了国家 973 计划项目：互联网环境中文言语感知与表示理论研究（编号：2013CB329301）和中国社会科学院哲学社会科学创新工程项目"语音与言语科学重点实验室"的经费支持。

参考文献

Conrad，B.，Schönle，P.（1979）Speech and respiration. Archives of Psychiatry and Neruological Sciences.

Bartkova，K.（2005）Prosodic cues of spontaneous speech in French. Proceedings of DiSS'05 Disfluency in Spontaneous Speech Workshop.

林茂灿：《普通话语句中间断和语句韵律短语》，《当代语言学》2000 年第 4 期。

刘秀敏：《停顿现象与语言之产生》，台湾：国立台湾大学语言学研究所，1987 年。

Tseng S. C.（2005）Repairs and repetitions in spontaneous mandarin// Robert Eklund. Proceedings of Workshop on Disfluency in Spontaneous Speech（DISS）.

袁楚、李爱军：《汉语自然口语中非正常停顿现象初探》，NCMMSC，2007。

Yuan，C.，Li，A.（2007）The breath segment in expressive speech［J］. Computational Linguistics and Chinese Language Processing.

谭晶晶、李永宏、孔江平：《汉语普通话不同文体朗读时的呼吸重置研究》，《清华大学学报（自然科学版）》2008 年第 1 期。

Slifka，J.（2000）Respiratory constraints on speech production at prosodic boundaries. Cambridge：Harvard－MIT，2000.

郑秋豫：《语篇韵律与上层讯息——兼论语音学研究方法与发现》，Language and Linguistics，2008（9.3）。

尹基德、孔江平：《韩语呼吸节奏与语调群的关系初步研究》，第九届全国人机语音通讯学术会议论文集，2007 年。

Shi，F.，Zhang，J.，Bai，X. et al.（2010）Intonation and respiration：a preliminary analysis. Journal of Chinese Linguistics，2010，38（2）．

吴亦斌：《母语为英语的留学生汉语二字组韵律偏误研究》，南京师范大学，2011年。

韩钰：《中高级水平留学生汉语作文中的韵律偏误分析》，华东师范大学，2011年。

周小惠：《母语为英语的留学生汉语三字组韵律偏误研究》，南京师范大学，2012年。

宋时黄：《韩国学生汉语简单介绍句韵律研究》，北京大学，2013年。

刘传云：《高级汉语水平留学生韵律听辨及运用研究》，华东师范大学，2013年。

陈默：《美国留学生汉语口语产出的韵律边界特征研究》，《世界汉语教学》2013年第1期。

Winkworth A. L.，Davis P. J.，Adams R. D.，et al.（1995）Breathing patterns during spontaneous speech. Journal of Speech and Hearing Research，1995，38：124－144.

Selkirk E. O.（1986）Phonology and syntax：the relation between sound and structure. Cambridge：MIT Press，1984.

Nespor M.，Vogel I.（1986）Prosodic Phonology. Dordrecht：Foris，1986.

王毓钧　女，中国社会科学院语言研究所博士后，南开大学汉语言文化学院，博士研究生，讲师，主要研究领域为实验语音学与二语习得。
E-mail：18673016@qq.com

贾　媛　女，中国社会科学院语言研究所，博士，副研究员，主要研究领域为语音学与二语习得。
E-mail：summeryuan_2003@126.com

李爱军　女，中国社会科学院语言研究所，博士，研究员，主要研究领域为言语韵律、L1 & L2语音习得、情感语音。
E-mail：liaj@cass.org.cn

中国学生法语元音发音中"反向"现象的实验研究 *

高玉娟　夏全胜

摘　要　本文以元音格局为分析思路,利用语音实验,探讨中国学生在法语元音习得中出现的"反向"现象。主要表现为:中国学生所发的法语元音［a］,在高低维上低于法语和汉语元音［a］,处于母语和目的语元音的过渡区域以外。"反向"现象产生的原因是系统的因素造成的。也就是说,在同一个维度上(如前元音、后元音、高元音、低元音)的范畴切割或分层划段方面,母语跟目的语之间如果出现较大差异,就有可能发生"反向"现象。出现"反向"的语音至少应该是单向对应的语音起作用。
关键词　第二语言习得 "反向"现象,元音格局

An Experimental Study on the Phenomenon of 'Reverse' in Chinese Students' French Vowel Pronunciation

GAO Yujuan,XIA Quansheng

Abstract The paper aims to explore the phenomenon of pronunciation reverse in Chinese students' French vowel production by following the idea of vowel pattern through the acoustic experiment. The results show that the phenomenon of reverse exists in Chinese students' pronunciation of French vowel [a]. The F1 value of French vowel[a] pronounced by Chinese students is higher than that of French vowel[a]and that of Chinese vowel[a]produced by the respective native speakers,which indicates that the tongue position of French vowel[a]pronounced by the second language learners is not between but beyond the region of their mother tongue and the target language. Such a phenomenon is likely to be induced by the systematic factor of sound pattern. When there is a big difference between mother tongue and target language in terms of the classification and partition of category on the same dimension(i. e. ,front vowel,back vowel,high vowel,and low vowel),the phenomenon of reverse will probably occur. The reversed phonetic category may at least be caused by the establishment of a new category of the target language in the second language learning.

Key words Second language learning,The phenomenon of reverse,Vowel pattern

1. 引言

在第二语言习得中,学习者的中介语系统处于"过渡"状态是较为常见的。Selinker (1972) 认为中介语是第二语言学习者在学习过程中构建的过渡语法 (interim grammar)。它是在两种或多种语言同时发展中,各种语言习得因素相互作用的过渡语言系统。因此,在第二语言习得中,学习者的中介语系统处于"过渡"状态是较为常见的。基于母语迁移理论和中介语假说、运用声学实验的方法,已有研究分别考察了英汉中介语的元音格局(石锋、温宝莹 2009)、日汉中介语的元音格局(石锋、温宝莹 2005)、西汉中介语的元音格局(夏全胜、石锋 2007)和法汉中介语的元音格局(高玉娟、石锋 2006)等。

---

* 感谢导师石锋教授对本文的悉心指导。本文曾在第九届中国语音学学术会议上宣读,得到了王韫佳教授等学者的宝贵意见,在此表示感谢。文章发表时进行了一定的改动,文中错谬之处由笔者负责。本文通讯作者夏全胜。

上述实验研究也验证了 Selinker（1972）的观点。中介语的学习存在着较为普遍的规律性，表现在中介语的元音往往位于母语和中介语之间，处于过渡状态。

但是，在以上对于中介语元音系统的考察过程中，我们也发现，并非所有第二语言的元音习得都呈现为"过渡"状态，有些元音的发音不是处于母语和目的语之间，而是更加远离目的语（如中国学生法语元音［a］的发音）。对于这种更加远离目标语的现象，贝先明（2008）在方言接触研究中做过系统考察。他通过考察方言接触在语音上的表现和规律性，提出方言接触中存在"过渡""越位"和"反弹"三种声学分布模式：如果是"始发方言—混合方言—目的方言"的分布关系，即混合方言的元音位于中间，表示混合方言的元音在向目的方言靠拢的过程中，就是"过渡"模式；如果是"始发方言—目的方言—混合方言"的分布关系，也就是目的方言元音位于中间，就是"越位（overshot）"模式；如果是"混合方言—始发方言—目的方言"的分布关系，也就是始发方言元音位于中间，表示始发方言的某些元音没有朝着目的语方言发展，而是偏离它，离它越来越远，就是"反弹（reverse）"模式。

"越位"现象在第二语言习得研究中也能见到，多认为是学习者矫枉过正的结果，而"反弹"现象是很少见的。本文将采用语音实验，以元音格局分析为基础，对中国学生在法语元音发音中的"反弹"现象进行分析，并对其原因进行探讨。为了避免概念的混淆，本文将"反弹"称为"反向"[1]。

2. 理论基础

2.1 中介语理论

Selinker（1972）认为中介语是第二语言学习者在学习过程中构建的过渡语法

---

1 语言习得中的"反弹"现象还可被理解为习得一段时间后，学习者语言能力出现退步的现象。为了避免出现这种混淆，本文将贝先明（2008：89）提出的"反弹"称为"反向"，其内涵不变。

（interim grammar），它既有别于学习者的母语体系，也有别于他们所学习的目标语体系，而是在两种或多种语言同时发展中，各种语言习得因素相互作用的过渡语言系统。它是学习者在接触到的目标语的基础上构建起来的语言体系。

2.2 新迁移理论

Flege（1995）的"语音学习模型"（Speech Learning Model）是新迁移理论中最具有代表性的。他把第二语言语音与母语语音相似程度划分为四个等级。第一等级是指非常相似（very similar）的音，称为与母语相似的语音；第二等级是指声谱性质有微小差异（slight differences in spectral properties）的音；第三等级是指母语语音的音位变体（allophone in native language），第二等级和第三等级称为与母语相混的语音；第四等级是指母语中没有的新语音（new），称为与母语相异的语音。对于这一类语音，学习者无法同化到母语语音范畴，因而会建立新的语音范畴，不受母语迁移的影响。

2.3 元音格局理论

石锋（2002）认为，每一种语言和方言的语音都是成系统的，表现为各自的语音格局（sound pattern）。元音格局是元音系统性的表现，包括元音的定位特征、内部变体的分布、整体的配列关系，等等。按照该理论，依据单元音跟音节中其他结构成分的组合关系，可以划分出不同的元音级别。在汉语中，出现在单韵母中的元音是一级元音。在其他语言中，能够单独组成音节，或单独出现在辅音之后组成音节的单元音是一级元音。一个元音在同一种语言中可以同时是一级、二级、三级、四级元音。同一元音在不同的级别上表现出的相对关系和分布情况也不一样，显示出语音的结构层次。一级元音的格局是全部元音格局的基础，具有典型的代表性。因此，本文讨论的元音的格局专指一级元音的格局。

3. 研究方法

3.1 实验对象和实验语料

实验对象为4名法国人,两男两女,能流利地说巴黎地区的法语。4名中国法语学习者（3男1女）,来自北京、天津,能够流利地说普通话,学习法语平均时间4.5个月。法国人的实验语料是含9个法语一级元音［a、i、u、ə、y、e、ɛ、ɔ、o］的词表。每个法国学生以正常语速朗读该词表五遍。中国学生的实验语料除法语词表外,还包括含7个汉语一级元音［a、i、u、y、ʏ、ɿ、ʅ］的词表（法语和汉语发音词表见附录1）。每个中国学生以正常语速朗读汉语、法语词表各五遍。对常年学习英语的中国法语学习者来说,法语9个一级元音中,［i、y］是汉语相似元音;［a、u、ə］是汉语相混元音;［o、ɔ］虽然是汉语中没有的元音,但却是与英语相混的元音;只有［e、ɛ］是新元音（夏全胜2009）。

3.2 声学参数的提取和实验做图

声学参数的提取使用南开大学开发的电脑语音专家系统"桌上语音工作室"(Mini-Speech-Lab)。在每个语音样品中的稳定段上取6个点,测量每个点的前两个共振峰F1、F2数据。这样,每位发音人的每个元音的共振峰就有6（点）×5（遍）＝30（个）语音样品。利用Excel和spss11.5软件进行统计和作图。

3.3 数据处理

3.3.1 语音样本的归一化

语音样本的归一化采用孙雪、石锋（2009）提出结合顶点元音的归一化方法,具体做法见附录2。

3.3.2 语音样本的主体分布

语音样本的主体分布采用石锋、王萍（2008）提出的方法,具体做法见附录3。

4. 法语元音格局与汉语元音格局

我们首先做出法语元音格局图（见图1）,从中归纳出的法语元音格局的特点与高玉娟、石锋（2006）的研究结果是基本一致的。（1）从格局整体框架看,三个顶点元音［i、a、u］呈等腰锐角三角形展开,整体分布区域较小。（2）高低维上有四个层次:［i、u、y］是高元音,［e、ə、o］是次高元音,［ɛ、ɔ］是次低元音,［a］是低元音。（3）前后维上有三个层次:［i、y、e、ɛ］是前元音,［ə、a］是央元音,［u、o、ɔ］是后元音。

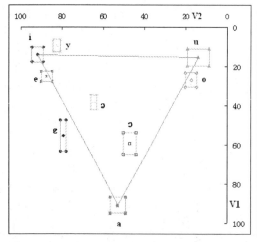

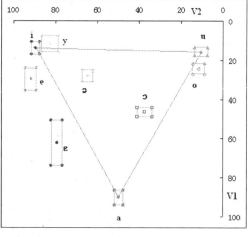

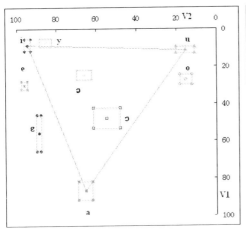
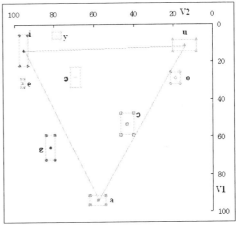

图 1　法语元音格局图

我们再做出汉语元音格局图（见图2）。从中归纳出的汉语元音格局特点与石锋（2002）的研究结果基本一致。（1）从格局整体框架看，三个顶点元音［i、a、u］呈三角形展开，整体分布区域较大。

（2）水平方向上，各元音排列次序为［i、y、ʅ、ʮ、ɤ、u］。（3）垂直方向上，元音［i、y、u］最高；舌尖元音［ʅ、ʮ］较高，中元音［ɤ］具有游移性，元音［a］最低。

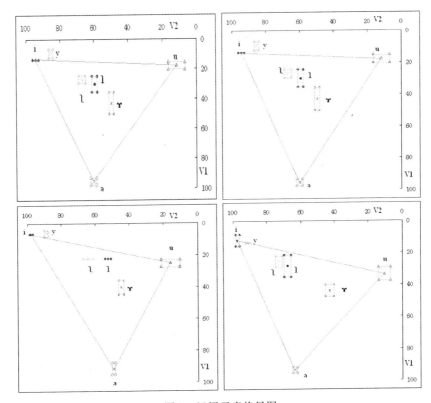

图 2　汉语元音格局图

5. 中国学生法语习得中"反向"现象的分析和讨论

5.1 中国学生法语元音声位图

我们做出中国学生法语元音声位图（见图 3）。将它与法语元音格局相比较，可以看到两者的相异之处，与高玉娟、石锋（2006）的研究结果基本一致。为了方便比较我们在图中设立了法语元音格局参照点（深色线标识）。（1）从格局整体框架来看，中国学生法语元音三角形较大，形状不规则，[a] 的位置靠下。（2）高低维上，[ɛ] 的位置靠下，与 [e] 相距较远；[ɔ] 的位置偏上，与 [o] 的位置不稳定，二者有重叠的现象出现；[ə] 的位置靠下；次高和次低元音分布混乱，造成高低维只有三个层次。（3）前后维上，[ə] 和 [ɔ] 的位置偏后。

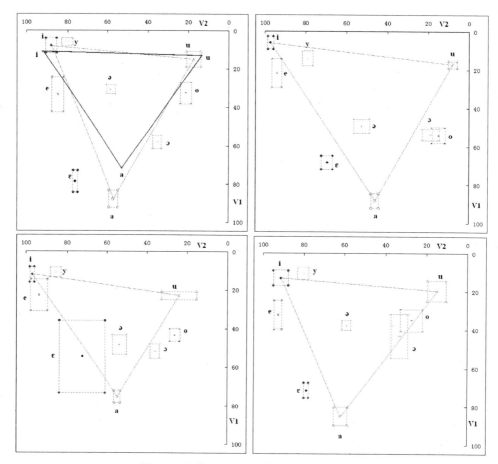

图 3　四名中国学生所发的法语元音声位图

5.2 中国学生法语元音发音中的"反向"现象

从以上的分析中可以看出，中国学生的法语元音声位图在整体框架上与法语元音格局有一定差异。为此，我们对比了中国学生所发的法语元音声位图整体框架和汉语、法语元音格局整体框架（见图 4）。从中可以发现，中国学生所发的法语元音 [a]，位置低于法语元音 [a] 和汉语元音 [a]，处于母语和目的语元音的过渡区域以外，从低到高，依次形成"中介语元音—母语元音—目的语元音"分布关系，中国学生法语元音［a］的发音中存在着"反向"现象。

对于中国学生来说，母语汉语的一级元音中，只有［i］和［a］两个前元音，是两个范畴、两个层次；而法语的一级元音有［i、e、ε、a］四个前元音，是四个范畴、四个层次。对于法国人来说，法语是母语，每一个元音音位变体分布较为集中，在同一维度上不同音位之间的分布空间距离较小。而对于中国人而言，法语元音［e］和［ε］是新元音（夏全胜 2009），在学习中需要建立新的前元音音位，因而发音就很不稳定，每个元音变体分布分散，使得同一维度上彼此之间的距离较大。从图 2、图 3 可以看到，母语者［e、ε］分布比较紧凑，［e、ε］之间的距离较小；而中国学生法语元音［e、ε］的分布范围较大。

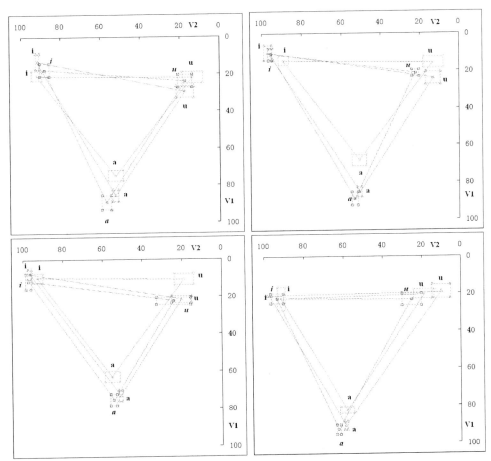

图 4　中国学习者所发的法语声位图、汉语元音格局及法语元音格局图整体框架比较图

　　图中正体字母标注的是母语者的发音，其中△标注的是汉语元音，◇标注的是法语元音；用斜体字母、并用□标注的是中国学生所发的法语元音。

5.3 对"反向"现象的讨论

Major（1987）认为，母语为葡萄牙语的巴西人在习得英语元音［ε］和［æ］时，新元音［æ］的习得会对相混元音［ε］的习得产生影响。Bohn & Flege

（1992）也发现，德国人在习得英语元音［ɛ］和［æ］时，新元音［æ］的习得会影响相混元音［ɛ］的习得，表现为随着新元音［æ］元音范畴的建立，元音［ɛ］的位置变得更前、更高。因此，作者认为如果在声学空间上，相混元音附近有新元音，那么新元音的习得会对相混元音的习得产生影响。这说明，元音之间的相对位置关系会对其习得产生影响。相对关系就是系统（石锋 2010）。Major（1987）、Bohn & Flege（1992）研究发现新元音［æ］对相混元音［ɛ］的影响实际上是一种系统因素产生的影响。只是这种影响只涉及两个元音，仅出现在格局的局部位置；中国学生学习法语元音的过程中出现的"反向"现象，也是系统的因素产生的影响，这种影响出现在格局的整个前元音维度上。

由于汉法中介语前元音［e、ɛ］的分布范围较大，各个相邻元音的距离增加，造成整个维度的总长度扩大。这里就会产生一个问题，即是把［i］的舌位提高还是把［a］的舌位降低。由于汉、法两种语言的元音［i］在声学空间上基本是重合的，都处于元音格局的前高位置（夏全胜 2009），元音［i］抬高的空间就很小；而元音［a］的舌位高低与开口度有关，降低［a］的空间较大且较为容易，因而，当中国学生学习新元音［e］和［ɛ］时，前元音的总维度扩大，从而降低了汉法中介语元音［a］的位置，使其低于汉语和法语元音［a］的位置，出现了"反向"现象。我们认为，这种"反向"的现象是系统的因素造成的。具体地说，在同一个维度上（如前元音、后元音、高元音、低元音）的范畴切割或分层划段方面，母语跟目的语之间如果出现较大差异，就有可能发生"反向"现象。

比较不同的语言习得，甲语言的人学习乙种语言或乙语言的人学习甲种语言，有两种关系：一种是双向对应，相似的语音是双向对应，相混的语音也是双向对应；另一种是单向对应，相异的语音都是单向对应的。从本实验的结果来看，作为汉语的相异语音，法语元音［e］和［ɛ］

是单项对应语音。汉语母语者没有掌握这两个新元音，使得汉法中介语前元音的总维度扩大，降低了元音［a］的位置，出现了"反向"现象。这说明，发生"反向"的语音至少应该是有单向对应的语音起作用的。当然，这还需要其他实验的进一步证明。

6. 结论

通过实验考察，我们认为，"反向"现象不仅出现在方言接触中，也同样会出现在语言习得中。通过对中国学生法语元音发音的实验分析发现，中国学生在法语元音发音中存在着"反向"现象。这种"反向"现象是系统的因素造成的，即在同一个维度上的范畴切割或分层划段方面，母语跟目的语之间如果出现较大差异，就有可能发生"反向"现象。出现"反向"的语音至少应该是有单向对应的语音起作用的。

参考文献

贝先明：《方言接触中的语音格局》，南开大学博士学位论文 2008 年，第 89 页。

高玉娟、石锋：《中国学生法语元音学习中母语迁移的实验研究》，《外语与外语研究》2006 年第 4 期，第 18—20 页。

石锋：《北京话的元音格局》，《南开语言学刊》2002 年第 1 期，第 30—36 页。

石锋：《从实验语音学到实验语言学》，"第九届中国语音学学术会议"大会报告 2010 年，南开大学。

石锋、王萍：《北京话一级元音的统计分析》，《中国语音学报》2008 年第 1 期，第 104—110 页。

石锋、温宝莹：《中日学生元音发音中的母语迁移现象》，《南开语言学刊》2005 年第 4 期，第 204—211 页。

石锋、温宝莹：《中美学生元音发音中的母语迁移现象研究》，《美国中文教师学会会刊》2009 年第 2 期，第 17—32 页。

孙雪、石锋：《自然语言元音与国际音标

元音发音比较》，《南开语音年报》2009
年第 1 期，第 24—33 页。

吴宗济、林茂灿主编：《实验语音学概要》，
高等教育版社 1989 年版，第 90 页。

夏全胜：《第二外语元音习得中迁移作用
的实验研究》，南开大学硕士学位论
文，2009 年，第 82 页、第 92 页。

夏全胜、石锋：《中国学生西班牙语元音
发音中迁移现象实验研究》，《外语教
学与研究》2007 年第 5 期，第 384—
391 页。

Bohn, O-S & Flege, J. E.（1992）"The
production of new and similar vowels by
adult German learners of English,"
*Studies in Second Language Acquisi-
tion*，1992，14，pp. 131—158.

Major, R. C.，（1987）"Phonological
similarity, markedness, and rate of L2
acquisition," *Studies in Second Lan-
guage Acquisition*，1987，9，pp. 63—
82. 转引自 Bohn, O-S & J. E. Flege,
"The production of new and similar
vowels by adult German learners of Eng-
lish," *Studies in Second Language Ac-
quisition*，1992，14，pp. 131—158.

Flege, J. E.，（1995）"Second language
speech learning：theory, findings and
problems," In：Strange W.（eds），
*Speech Perception and Linguistic Ex-
perience：Issues in Gross-linguistic Re-
search*，Trimonium，MD：York Press，
1995，pp. 233—277.

Selinker, L.，（1972）"Interlanguage,"．
*Interlanguage Review of Applied Lin-
guistics*，1972，10，pp. 209—231.

附录 1　发音词表

法语词表
ta si ou de tu et dès gomme eau
中文字表
阿 医 屋 鱼 哥 知 词

附录 2　语音样本的归一化

孙雪、石锋（2009）提出结合顶点元音的归一化方法。首先要将 F1、F2 的赫兹（Hz）数据转换为巴尔克（Bark）数据：（吴宗济等 1989）

$$Bark = 7\ln(f/650) + [(f/650)^2 + 1]^{1/2} \qquad (1)$$

然后对 Bark 值进行如下处理，以第一共振峰（F1）为例，先分别统计所有元音的对数标度 Bark 值中的最大值（B1_max）和最小值（B1_min），以及这两个 bark 值对应的音的标准差（s1、s2），用 B1_max+s1 代替 B1_max，B1_min−s2 代替 B1_min；然后，就可以用以上处理过的 Bark 值，代入公式（2），分别计算每个元音的 V 值。第二共振峰（F2）同理。

$$V1 = \{[B1x - (B1min - SD1min)] / [B1(max + SD1max) - (B1min - SD1min)]\} \times 100$$

$$V2 = \{[B2x - (B2min - SD2min)] / [B2(max + SD2max) - (B2min - SD2min)]\} \times 100 \qquad (2)$$

附录 3　语音样本的主体分布

石锋、王萍（2008）指出语音样本的主体分布可以通过平均值加减标准差的方法得到。按照这个方法，我们在声学元音图中用矩形表示每个元音所占的声学空间，矩形的中点由元音的第一共振峰（F1）和第二共振峰（F2）的组内平均值结合而成，四个顶点分别由 F1、F2 的组内平均值和标准差结合而成。通过矩形的四个顶点和中点，我们就可以将元音所占的声学空间的主体范围描写出来。我们还可以将赫兹值换算成 V 值，计算归一化后的元音的主体分布。

$$[(x = V2mean + SD, y - V1mean + SD), \\ (x = V2mean - SD, y - V1mean + SD) \\ (x = V2mean + SD, y = V1mean - SD), \\ (x = V2mean - SD, y = V1mean - SD)] \qquad (3)$$

中国语音学报 第 5 辑,2015 年,北京

高玉娟 女,辽宁师范大学外国语学院教授,博士,硕士生导师。主要研究领域为实验语音学、第二语言习得以及社会语言学等。

夏全胜 男,南开大学汉语言文化学院讲师,博士。主要研究领域为实验语言学、神经语言学以及第二语言习得等。

E-mail:gaoyujuan2003@163.com

E-mail:xiaqsh@nankai.edu.cn